あなたは今、深い深い眠りの中にいて、
長い夢を見ています。

朝起きて、ご飯を食べ
仕事に行ったり
家事をしたり
買い物に出かけたり
子どもの世話をしたり
家族で団らんしたり。

時には、お友達とランチをしたり
犬の散歩に行ったり。

休日は、恋人とデートをしたり
気の合う仲間と旅行をしたり。

時々、誰かと喧嘩をして
怒ったり、拗《す》ねたり、
仲直りしたり。

そんな、何気ない日常を
淡々《たんたん》と送っているあなた。

さぁ、そろそろ
夢から目を覚ましてみませんか？

本当のあなたは宇宙にいて、
地球という惑星にいる夢を見ています。

あなたが現実だと思っている日常は、
夢なのです。

その夢は、自由自在にコントロールすることが可能です。
その方法を知りたいですか？

この本では、あなたが見ている夢を
思い通りに叶える方法をお伝えします。

願ったことがなんでも叶えられる状態になるには、

まず、あなたが何者で、
どうして地球に来たのか、
地球に来る前はどこにいたのかを、
思い出すことが必要です。

なぜなら、夢の中にいることを知らないと、
全知全能の宇宙のパワーに
アクセスできないからです。

あなたはこの本を読み進めることで、
忘れていた記憶を思い出すでしょう。
この地球は仮想世界、
つまり、メタバースだったことを。

本当のあなたを思い出せ！

見えない世界の秘密を解いて
すべてを手に入れる

地球
大暴露

スタントン菜穂

はじめに

この本を購入してくださった皆様、チラ見してくださった皆様、借りて読んでくださっている皆様、本当にありがとうございます。

本書は、地球というメタバースにしかけられた秘密の設定を暴露し、地球のマトリックス（難題や落とし穴）から抜け出すための「地球攻略本」です。

メタバースとは、仮想世界のこと。最近は、インターネット上に仮想空間を構築し、アバターを通じて結婚したり、子どもを育てたり、起業したりなど、現実とは別の人生を送るゲームがトレンドになっていますが、それと同じで、地球そのものが実は仮想の世界なのです。

本当の自分は宇宙にいて、今、肉体を持ってサラリーマンや主婦をしているこの現実こそが、メタバースです。

要は、私たちは「地球」という仮想世界の中に入り込み、ゲームをしているようなものなのです。

地球では、他人の価値観に影響される地球的な生き方から人生がスタートしますが、転換期を迎えると、自分の直感を信じる宇宙的な生き方へと転換することで、宇宙のパワーにアクセスできるようになり、一気に人生が開かれるようになっています。

そこで、この本では「転換期」を迎えた人に、地球の秘密の設定とマトリックスを脱出して、すべての望みを叶える攻略法を記しました。

「私は、転換期にいるのだろうか？」と悩む必要はありません。

この本は、転換期を迎えた人しか手に取れないようになっているからです。今、あなたがこの本を手に取ってくださっているということは、**あなたはまさに人生の転換期にいます！**

ですので、安心して読み進めてみてくださいね。

私たちは、「魂の遊園地」で迷子になっている⁉

一体なぜ、あなたが地球というメタバースに来ているのかというと、**宇宙にはない非日常を楽しむため**です。

本来のあなたは、愛に溢《あふ》れる光の粒のエネルギー体（＝魂）そのもので、全知全能の存在。そんなあなたは、生まれる前、「魂の遊園地」である地球での体験にワクワクしていました。宇宙ではすべてがひとつで愛の塊《かたまり》だったのに、地球ではその真逆の体験ができるなんて！　というふうに。

しかし、いざ地球に来てみると、「こんなはずじゃなかった！」と思っている魂は、とても多いのです。

地球は地球で、このメタバースをより楽しんでもらうために、簡単にはクリアできないように、難題や落とし穴を至るところに設置して、日々パワーアップしています。

ですので、現実はなかなか思った通りにはいかないという錯覚に陥っているのが現状です。

私は、これまで多くの人たちが、この地球のマトリックスからの抜け出し方がわからずに困っている姿を見てきました。

宇宙の話をすることで変人扱いされる地球的リスクを背負ってまで、なぜ私はこの情報を公表するのかというと、地球の本当の姿を「今」の人類に伝えることが、私の魂の使命でもあるからです。

地球ならではの醍醐味《だいごみ》を思う存分味わいたい魂にとっては、必ずしも地球特有のネガティブな感情から解放されることがいいわけではないのですが、そこから抜け出したい人にとっては、私が地球のからくりを暴露し、攻略法をお伝えすることで、希望が見えてくると強く感じています。

約40万体以上の宇宙人と対話の日々

地球はメタバースだとか、地球の秘密設定を暴露するだとか、地球の本当の姿を伝えることが使命だとか、「一体、あなたは誰？」と思っていますよね（笑）。

少しだけ、私のことをお話しさせてください。

私は地球に来る前の他の惑星での転生記憶を、幼い頃からたくさん持っています。

そんなのは妄想でしょ、と思われるかもしれません。

でも、それにしてはあまりにも、鮮明すぎるのです。

そして、**インターステラー・コミュニケーション・スペシャリストとして、もうかれこれ30年以上、ざっくり計算をすると、約40万体以上の宇宙人とお話をしてきました**（この本では、地球で肉眼では見ることのできない異次元的存在、神様、天使、龍、守護霊などをまるっとまとめて「宇宙人」と呼ぶことにさせてください）。

インターステラー・コミュニケーション・スペシャリストとは「惑星間コミュニケーションの専門家」で、いろいろな惑星にいる宇宙人からのメッセージや宇宙と地球の仕組みについてのお話を、地球の言語に意訳できる人、という意味です。

また、最近では、地球人全員に付いている宇宙人とその本人をつなげる、インターステラー・コネクターとしてのお手伝いをしています（あなたに付いている宇宙人については、本書で詳しく説明しますね）。

過去にも現在にも、著名人、王族など、多くの方々が、看板も出していない私のお話を聞いてくださいました。

さて、話を元に戻します。

宇宙人とのコミュニケーションはどういうものかというと、その宇宙人がどの惑星から来ているのかにもよりますが、多くの場合、直訳するだけでは意味がわかりません。

私に話しかけてくれる宇宙人たちは、今地球に転生しておらず、違う惑星に存在するなど異次元に存在しているわけですから、**話の内容が「地球設定」になっていない場合もある**からです。

また、私自身が今、低次元のエネルギーをもろに受ける肉体の中に入っているので、宇宙の言葉をストレートに受けても理解ができません。

そのため、地球の出来事を例えに使いながら、ちゃんと解釈が一致しているかを、都度確認する必要が出てきます。

違う次元の存在同士がコミュニケーションを取る際には、直訳だけではなくて、広義の意味で意訳をする必要があるのです。

この本も、宇宙人から聞いたことや、私が知っていることを、地球の設定に置き換えて伝えています。

私自身は、物理学者でも、スピリチュアリストでも、宗教家でもありません。むしろ、自分では超現実主義者だと思っています。

そして、私のことを実際に知る地球の友人たちは、私にこういった一面があるなんて、夢にも思っていないことでしょう。

人生の「転換期」に出会った、ある一冊の本

今では宇宙人とのコミュニケーションのほうが、地球人とのコミュニケーションよりも、はるかに上手になりましたが（笑）、宇宙人の声が聞こえてしまう私は、一時期、精神的に障害があるのかもしれないと思い、とても悩んでいました。

「自分はなぜこうなんだろう？」と思い、大学では臨床心理学を必死で勉強しました。

そして、アメリカ・スタンフォード大学に留学をした時、大学の図書館で出会ったある一冊の本を読んで、私とまったく同じ体験・経験をしている人がいることを知りました。

「なんだ！　私、病気じゃなかった！」

その時覚えた安心感や安堵感は、今でも忘れることができません。

生まれた時から知っていた宇宙的な感覚で生きていい、と確証を持った瞬間だっ

たからです。

おかげで、私は人生の軌道を的確に戻すことができました。まさに、人生の転換期にあったからこそ、出会えた本でした。

その時、たった一冊の本がこんなにも力強く人を優しく包み込み、愛溢れるエネルギーを注入することができるんだ！　と本の偉大さを知ったのです。

それから20年以上が経ち、ついに、こうして自分が本を出版することができました。

宇宙の感覚を取り戻そう！

この本では、第1部で、本当の自分を思い出すヒントと、あなたが地球に来た時に実はサインしていた「地球メタバース参加同意書」の中味を暴露し、第2部では、その「地球メタバース参加同意書」を基に、地球がしかけたマトリックスをご説明していきます。そして第3部で、地球にいながら宇宙のパワーにアクセスして、思い通りにすべての望みを叶える攻略法をお伝えします。

この本を読み進めるうちに、本当にこの現実は仮想世界だったんだ！　と腹落ちしていく感覚になるでしょう。

そして、**読み終わった頃には、あなたが望む世界に自然とパラレル（並行）移動していくような仕組みになっています。**

私はこの本に、「あなたが最高に愛を感じられる一冊になるように」と宇宙のパワーをたっぷりと込めています。

この本を手に取ったあなたは「転換期」にいますから、想像を大きく超えた宇宙の愛のパワーに人生が導かれていくでしょう。

さぁ、夢から目覚める瞬間は、もうすぐそこです。

第1部

メタバース惑星、地球の正体

第2部

「地球メタバース」にしかけられた秘密の設定

第2部

「地球メタバース」にしかけられた秘密の設定

第２部
「地球メタバース」にしかけられた秘密の設定

第3部

すべての願いを叶える地球攻略法

第３部
すべての願いを叶える地球攻略法

本書の見方

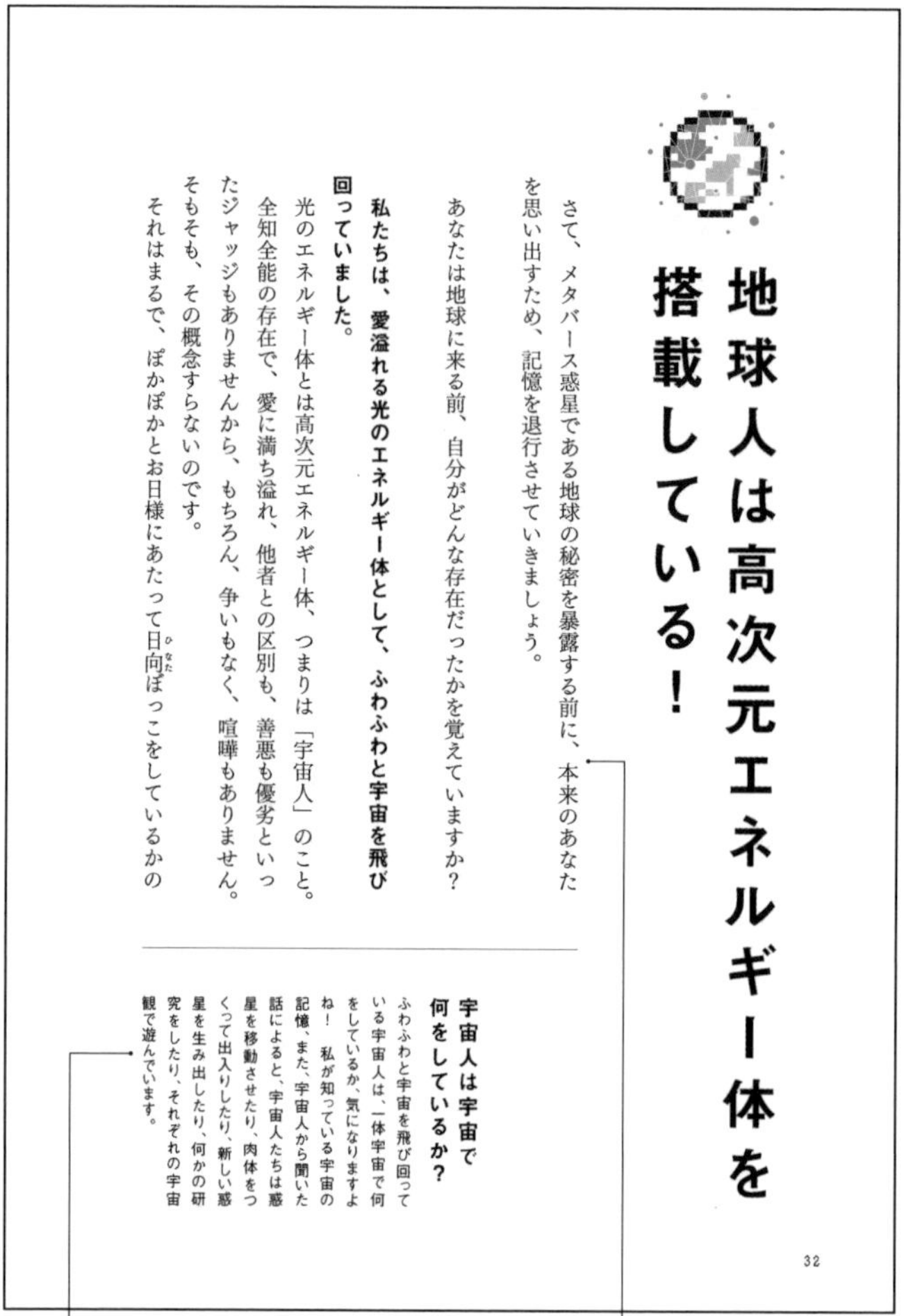

地球人は高次元エネルギー体を搭載している!

さて、メタバース惑星である地球の秘密を暴露する前に、本来のあなたを思い出すため、記憶を退行させていきましょう。

あなたは地球に来る前、自分がどんな存在だったかを覚えていますか?

私たちは、愛溢れる光のエネルギー体として、ふわふわと宇宙を飛び回っていました。

光のエネルギー体とは高次元エネルギー体、つまりは「宇宙人」のこと。

全知全能の存在で、愛に満ち溢れ、他者との区別も、善悪も優劣といったジャッジもありませんから、もちろん、争いもなく、喧嘩もありません。

そもそも、その概念すらないのです。

それはまるで、ぽかぽかとお日様にあたって日向《ひなた》ぼっこをしているかの

宇宙人は宇宙で何をしているか?

ふわふわと宇宙を飛び回っている宇宙人は、一体宇宙で何をしているか、気になりますよね! 私が知っている宇宙の記憶、また、宇宙人から聞いた話によると、宇宙人たちは惑星を移動させたり、肉体をつくって出入りしたり、新しい惑星を生み出したり、何かの研究をしたり、それぞれの宇宙観で遊んでいます。

32

細かい内容の補足や
豆知識を紹介しています。

一番お伝えしたい部分です。
まずはこちらをしっかり読むことを
おすすめします。

［本書の特典］

このたびは本書をご購入いただきまして
誠にありがとうございました。
本書をご購入してくださった方限定で
「自分の使命がわかる診断書」の無料特典がございます。
弊社HPよりご確認ください。
インターネットがご利用できない方は、
この特典はご利用できませんので、あらかじめご了承ください。

【注意事項】

・ダウンロードコンテンツは無料ですが、ダウンロード時に発生する通信費はお客様ご負担となります。パケット定額サービスご加入の上でのご利用をおすすめします。
・コンテンツの使い方、および対応端末に関するご質問については、各メーカーにお問い合わせいただくか、スマートフォンの端末の取り扱い説明書をご確認ください。
・本コンテンツのご利用によってお客様にいかなる不利益が生じても弊社は、一切の責任を負いかねますので、あらかじめご了承ください。
・また、以下の禁止事項に反しない範囲内でお使いください。

【禁止事項】

・ダウンロードコンテンツの一部、または全部を再配布する行為を禁じます。

第1部 メタバース惑星、地球の正体

地球人は高次元エネルギー体を搭載している！

さて、メタバース惑星である地球の秘密を暴露する前に、本来のあなたを思い出すため、記憶を退行させていきましょう。

あなたは地球に来る前、自分がどんな存在だったかを覚えていますか？

私たちは、愛溢れる光のエネルギー体として、ふわふわと宇宙を飛び回っていました。

光のエネルギー体とは高次元エネルギー体、つまりは「宇宙人」のこと。全知全能の存在で、愛に満ち溢れ、他者との区別も、善悪も優劣といったジャッジもありませんから、もちろん、争いもなく、喧嘩もありません。

そもそも、その概念すらないのです。

それはまるで、ぽかぽかとお日様にあたって日向《ひなた》ぼっこをしているかの

宇宙人は宇宙で何をしているか？

ふわふわと宇宙を飛び回っている宇宙人は、一体宇宙で何をしているか、気になりますよね！ 私が知っている宇宙の記憶、また、宇宙人から聞いた話によると、宇宙人たちは惑星を移動させたり、肉体をつくって出入りしたり、新しい惑星を生み出したり、何かの研究をしたり、それぞれの宇宙観で遊んでいます。

ように、心地良く、ふんわりと温かい感覚です。

あなたはこの宇宙の創造主、宇宙人として、宇宙で遊んでいたのです。

「え〜、おとぎ話なんじゃないの？」と思う人もいるでしょう。

それで大丈夫！　映画を観たり、小説を読むような感覚のままで構いません。それでも読み続けていくと、宇宙にいるほうが現実の自分で、地球にいるほうが非現実だと気づけるようになっていきます。


では、宇宙人だった時の高次元エネルギー体は、どうなったのかというと、地球に転生する際に、肉体の中に入り、その瞬間から「魂」と呼ばれるようです。

つまり、**魂とは、高次元エネルギー体のことで、それが、「本来の自分」といわれているもの**です。

誰の中にも、この高次元エネルギー体が例外なく存在しています。

「一人ひとりの中に神様がいる」や「答えは常に自分の中にある」などという表現はここからきています。

目に見えているものは、光の粒！

この宇宙に存在するすべての物質は、地球では極小の粒子「素粒子《そりゅうし》」と呼ばれています。物質を形成する原子や分子よりもさらに小さい、最小単位であるとされていて、人の意識によって変化する性質を持ちます。すべての現実化は、この「素粒子」の数や振動によって決まります。

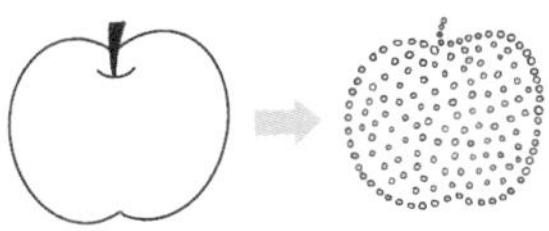

本当の姿は光の粒

「一人一宇宙」誰もが自分の宇宙を生きているという事実

高次元エネルギー体が入り込んだ肉体で、私たちは、このメタバースの地球を楽しんでいるわけですが、ここで重要なポイントは、**「ひとつの魂につき、ひとつの宇宙を持っている」**という点です。

すべての人間が持つ魂はそれぞれ違い、それぞれの宇宙に存在していて、それが、時空や次元を超えて、重なり合っているのです。

量子力学的にいうと、この宇宙には「実在」しているものは何もなく、それぞれが意識して観測したところにだけ、「実在」が「情報」として出現する、と説明されます。

つまり、観測を止めればその現実も消滅するということです。

私たちは一人ひとりが自分の宇宙の創造主で、それぞれの宇宙を持って

今見えている現実に、正解・不正解はない

茶筒を横から見ると、長方形に見えたり、上から見ると丸に見えたりしますよね。すべての物事は、観測している者の視点によって変動します。実際に、横から見ると長方形に見えますが、茶筒は円柱なので、長方形なわけではありません。物事を正解か不正解かで見るということは、どちらも正解でどちらも不正解ということにしかなりません。どの視点から何を観測しているかで、現実は変わるのです。

います。認識しているものは全部自分の視点なので、現実はすべて自分がつくり出しているのです。

そして、**それぞれが認識している世界が重なり合って、仮想世界で生きている**のです。

この宇宙に存在するすべてのものや生物は、それぞれのエネルギー値（周波数）を持っているので、自分とまったく同じ人間というのは存在しません。

周波数が違えば、見ている世界も変わります。例えば、泣いている赤ちゃんを見て、「かわいいな〜」と思う人もいれば、「うるさいな！」と思う人もいるでしょう。

目の前に同じ事実があっても、どう捉えるかは人それぞれ。

私たち地球人は、ひとつの世界やひとつの宇宙にみんな一緒に住んでいると思いがちですが、**宇宙も（もちろんこの地球も）魂の数だけ存在していて、それぞれの魂は、それぞれの宇宙に住んでいる**のです。

あなたは、あなたの宇宙を生きていて、あの人はあの人の宇宙を生きているのです。

一人一宇宙とは？

他者と接している時は、それぞれの宇宙が部分的に接しているにしか過ぎません。「袖触れ合うも他生の縁」という表現がありますが、これは一人一宇宙が触れ合っていることを表しているとも言えますね。

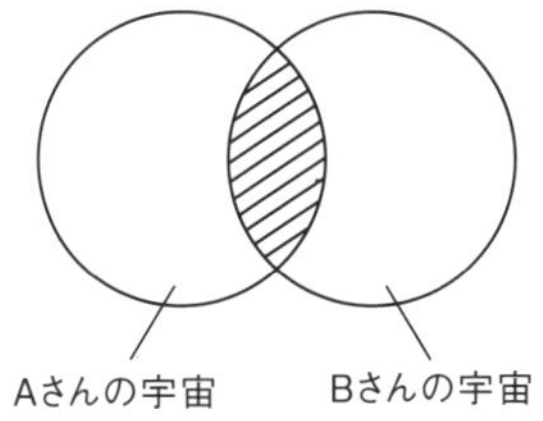

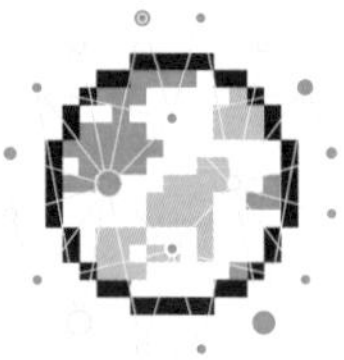

なぜ地球メタバースがつくられたのか？

宇宙には、常に変化し続けるという法則があります。

例えば、毎日のように惑星が生み出されたり消滅したり、満月から新月になるように月が変化したり、水星や冥王星《めいおうせい》が逆行したりなど。

毎日同じ宇宙はなく、日々変化している、それが宇宙です。


そんな中、地球は宇宙がつくられた１３８億年前よりずっと後の、約46億年前に、他の惑星とは違う世界観を体験できるメタバース型惑星、つまり、宇宙のメタバースとして、つくられました。

メタバースとは、「はじめに」でも説明したように、仮想世界のこと。

今肉体を持って生きている私たちはアバターのようなもので、現実だと思っている日常は、実は、仮想の世界での出来事なのです。


宇宙にあるのは、グラデーションの違いのみ

正解・不正解にこだわりがちな地球人は、白黒をはっきりつけるのがいいと思いがちですが、すべてのものには複数の視点が存在するので、実は微妙な色の濃さを争っているに過ぎません。一般的にいわれるグレーゾーンのグレーが少し濃いか少し薄いかくらいの誤差なのです。

そして、**この地球メタバースは低次元に設定された惑星**です。

この広い宇宙にはたくさんの惑星が存在していますが、地球は、宇宙の多くの高次元の惑星とは逆に、あえて低次元に設定されています。

なぜ、あえて低次元に設定されたのかというと、肉体を持つことで、「愛」以外の感情を持つことが可能となるからです。

先ほどもお伝えしたように、本来の私たちは、全知全能の高次元エネルギー体で、愛に溢れています。

ですので、**わざわざ低次元に波動を落として、肉体を持ちながら、愛以外のエキサイティングな体験もするために、この遊園地的なメタバース型惑星である地球がつくられた**のです。

高次元惑星と低次元惑星は、こんなに違う！

本書では高次元の惑星、低次元の惑星、という言葉を使っていますが、その意味をもう少し深くお話ししてみます。

ここで、低次元と高次元の惑星の違いについてまとめてみました。

各惑星の最強チームがつくった地球

惑星は宇宙人によってつくられますが、必ず特徴があります。例えば、肉体や免疫機能の研究が進んでいる惑星、天文学が進んでいる惑星など。地球は、宇宙の遊園地的な低次元のメタバース惑星をつくろうという合意のもと、各惑星の有志たちによってつくられ、今なお宇宙人たちによって管理運営されています。

【地球（低次元惑星）】

- 3次元
- 惑星自体が、ある一定以下の低い数値のエネルギーを持つ
- 惑星人は生涯変わらない1体の肉体を持つ
- 国が統一されていない、分裂状態
- 科学的思考が最も崇拝されている
- パラレルワールドを移動する
- 肉体の中に高次元エネルギー体（魂）が入っている
- 肉体には寿命がある

選択すると選択したパラレルワールドへ移行する

地球は丸いのか？フラットなのか？

地球は本当に丸いのか、フラットなのか？ という議論がありますが、それらを知る方法はありません。世界中を同時に航海したり、飛行機で飛び回ることはできないし、同じ人工衛星で同時に地球全体を映すこともできないからです。仮にできたとしても、観測している日の他の惑星の位置や飛行機や船などの乗り物が、時空のズレにどんな影響を受けているか知る術もありません。私たちそれぞれが持っている知識というのは、誰かが言ったことを鵜呑みにしていたり、「こうだ」と独断と偏見で決めつけていたりするだけなのです。

【高次元惑星】

- 5次元以上
- 惑星自体がある一定以上の高い数値のエネルギーを持つ
- 惑星人は体を持たない光のエネルギー
- すべてが統一、統合されている
- 愛が最も崇拝されている
- マルチバースが存在する
- 高次元エネルギー体として存在する
- 永久的に存在する

地球は低次元に設定されている、かなりレアな惑星。宇宙では、高次元の惑星がスタンダードです。

ちなみに、私は地球よりも低次元の惑星はまだ見たことがありません。

複数の宇宙が存在している（マルチバース）

パラレルワールドとマルチバースの違い

パラレルワールドは、「ハイキングに行きたい！」と思ったらハイキングに行く世界に移るというふうに、同時に並行して無限に存在している個人個人の世界。

マルチバースは、自分がいる宇宙とは別の宇宙が同時に存在しているという世界。複数の宇宙が、丸ごとどこまでも続く感じです。

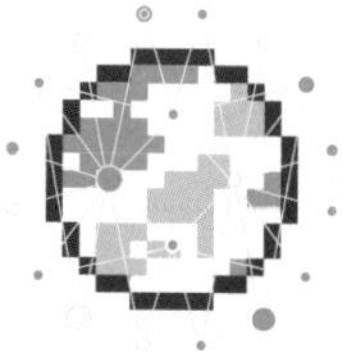

死後の世界に天国と地獄はない本当の理由

本来の私たちは高次元エネルギー体なのに、わざわざ低次元に波動を落として、メタバースの地球を楽しんでいるのなら、亡くなった後、どうなるのか気になりませんか？

人は死んだら肉体を出て高次元エネルギー体に戻り、一気に宇宙での記憶が蘇《よみがえ》って、宇宙に還《かえ》ります。

死後、魂は地球での行いによって天国か地獄に行くとか、嘘《うそ》をついたら閻魔様《えんまさま》に舌を抜かれる、という話はよく聞きますが、私は見たことがありません。

天国と地獄は、地球上の例え話です。なぜなら、この地球という惑星は、ポジティブとネガティブの両方を体験・経験することができる唯一の惑星だからです。

霊媒師さんは誰と話しているのか？

死んだら魂は宇宙に還ります。となると、故人の魂を降ろして憑依《ひょうい》させ、自らの口を通して伝える霊媒師《れいばいし》さんは、誰と話しているのでしょうか。実は、亡くなる時、私たちの想念エネルギーは地球に残ることがあります。霊媒師さんは故人の波動に合わせて「仮に生きていたらなんて言うだろうか」という想念エネルギーを読んでいるのです。要は、香水の残り香みたいなものですね。

つまり、地球という仮想世界では、天国にいるような気持ちになったり、地獄にいるようなどん底を味わえたりする、ということ。これ以上の地獄は宇宙には存在していないので、安心してくださいね！（笑）

臨死体験をした方々が、皆さん三途の川を見たというお話をしていますが、私は、三途の川は宇宙のミルキーウェイ、天の川のことだと思っています。

あの世で後悔することはない⁉

地球人は死に対するマイナスイメージがありますが、亡くなったら魂は宇宙に還るだけです。

よく、やりたいことをやらないと死んで後悔すると言われますが、例えば、「スーパーマリオ」のゲームをプレイした後、「なんで、あの時あれをしなかったんだろう」と何十年も考え続けている人はいませんよね。

それと同じで、**長い人生と思っていても、宇宙に戻ったら、地球での出来事は1秒にも満たないこと。地球でできなかったことを悔やむ、なんて**

霊感がある人は、視えないものをつくり出す能力者⁉

霊感が強いとか、霊が視えるという人（妄想の強い人が多い傾向に）がいますが、霊はエネルギーなので、五感で見ることは不可能です。しかし、意識をすれば、なんでも創造できるので、それをつくり上げることができる人は多く存在しています。そもそも私たちが見ている景色や世界は同じだと思いがちですが、一人ひとり見えているものは違います。ですので、「霊感＝ものを可視化するのが上手な人」といえるかもしれません。

ことはありません。

亡くなったら地球メタバースでのゲーム終了で、本人（魂）はあっという間に宇宙へ還り、愛溢れる光のエネルギー体になって、キャッキャッキャッと遊んでいます。

でもそれはそれで、ちょっぴり切なく感じますよね。

切ないという感情は地球特有のものですので、私たちは宇宙に還ると、そもそも切ないという感情を持つことはできなくなります。

このように**今の私たちにとっては何気ない地球でのひとつひとつの出来事が、とても貴重な体験**なのです。

おや？　だんだん思い出してきましたか？

世界中で経験した私の占い面白話

私は以前、私と同じように宇宙人のメッセージを翻訳している方がいるのではないか、また、他人に「私は宇宙人の声が聞こえる」とは言えなくても、占い師から聞いたと言えば伝わることが多かったので、世界中の占い師を訪れたことがありました。ハワイでお会いした有名なサイキックの方には、「あなたに今後は任せて大丈夫ね。私はもう他のことをしたいの」と言われて、急に引退してしまったり、占いで有名な街、イタリアのブレラで大評判の占い師には「君は僕よりなんでも視えるのに、なんで来たの？」と驚かれたりなど、面白いエピソードがたくさんあります。

夢から覚めるために必要な情報を区別せよ!

亡くなったら魂は宇宙に還る、ということは、魂は死なないということですね。では、不死身の魂は、いつどのように誕生したのでしょうか? 地球では、「ひとつの魂は、ビッグバンとともにつくられた」といわれているようですが……、私は知りません。

「おいっ!!」と突っ込みたくなったことでしょう(笑)。

でも、知らなくていい理由を説明することはできます。

まず、**地球のマトリックスを脱出するのに、必要な情報と不必要な情報があります。**

すべてを知りたい気持ちはよくわかりますが、ただでさえ情報過多なこの時代、自分に必要な情報と、不必要な情報を区別することのほうが、私は大切だと思っています。

ビッグバン理論とは?

どうしても知りたい方のために、調べてみました! 約138億年前に、非常に高温、高密度な状態が爆発し、空間自体が膨張《ぼうちょう》して、物質が分散されたというもの。神と呼ばれる創造主はすべてを一瞬につくり上げ、その創造主の分離として存在しているのが本来の私たち、地球では魂と呼ばれているものです。今も一定速度で拡大を続け、宇宙のセオリーも毎日のように変化しているそうです。

そもそも、魂の起源をはじめとし、宇宙のすべてを詳細に証明することなど、この地球ではできません。

なぜなら、魂は見えないもの。地球では、見えないものをどうと説明されたところで、それを証明する知識も方法もないため、それはひとつのセオリーにしかなりえないからです。

善悪優劣のない「中道」の視点こそ、夢から覚める近道

では、なぜ私は皆さんに、「魂はどうやって生まれたのでしょうか？」と問いかけたのかというと、正解はこれ、という答えではなく、白黒つけない生き方がとても大切なポイントだからです。

目の前の問いに対して、ジャッジすることなく、自分の固執した考えで断言することなく、ありとあらゆる意見に対して柔軟な立場であることが、地球のマトリックスを脱出することにつながります。

ブッダの言葉に、「真理は、極端に偏《かたよ》った場所では見つからない。答え

見えないものを信じられないと世界は理解できない

世界の96％は、目に見ることはできません。波動、超音波、電波、紫外線、レントゲンのX線、ガンマ線、インターネットのWi-Fiなど、見ることはできませんよね。つまり、見えるものだけを信じる人は世界の4％しか理解することはできません。世界を理解するために、五感に執着しすぎないことが大切です。

を明言しないことも、また素晴らしい」というものがあります。
「宇宙は永遠なものか、永遠ではないのか？」という問いを投げかけられたブッダは沈黙を守りました。白がいいのか、黒がいいのかではなく、白は白のままに受け入れ、黒は黒のままに受け入れる。**両極端のどちらの立場にも偏らない「中道」は、宇宙的生き方そのもの。**

悟りという言葉も、「差取り」とも読み取ることができます。善悪も優劣もない中道こそが、宇宙の真理なのです。

このように、この本はあくまで地球の攻略本ですから、地球の「攻略」に必要のない宇宙知識に関しては、私は多くは触れないようにしたいと思っています。

Less is more!（シンプルなほうが本質が見えてくる）です。

ちなみに余談ですが、地球の比較にならないくらい、宇宙の研究が進んでいる他の惑星は見たことがあります。

例えば、アークトゥルスという惑星人なら、ビッグバンや惑星の誕生などについて詳しく知っているかもしれません。

悟り（差取り）に込められた意味

私たちは〝地球でしかできない経験〟をしに生まれてきましたが、ある段階にくると宇宙の見えない力の存在に気がつくようになります。その時に宇宙とつながり、宇宙の記憶を思い出すことで、地球と宇宙のバランスを取るタイミングがやってきます。これを、〝悟りを開く〟とも表現します。地球と宇宙の〝差を取る〟、つまり、地球と宇宙の双方を知ることで、偏りをなくして中間地点でバランスが取れるようになります。要は、ジャッジの概念を一切なくし、愛に近づくということです。

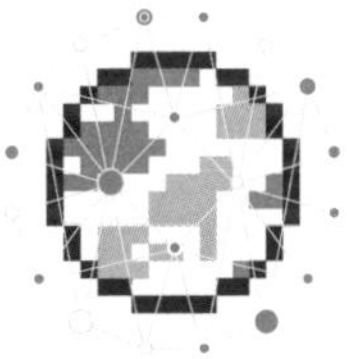

地球の仕組みを大公開!!

本来のあなたを少しずつ思い出してきたでしょうか？
まだまだ現実味が持てなくても、焦らなくて大丈夫です。

ここからは、いよいよ、メタバースとしてつくられた地球のからくりを暴露していきます。

暴露にあたって、地球にこの情報を公開してよいか、聞いてみました。周波数を合わせれば、惑星ともお話ができちゃうんです（笑）。

ここでは、地球とのやりとりを皆さんにわかりやすくするために、インタビュー形式という比喩的表現でお伝えします。

では、始めましょう。

宇宙人とどう会話するのか？

宇宙人との会話は意訳をしている感じです。映画では意訳がよく使われますが、例えば、映画『カサブランカ』の中の台詞「君の瞳に乾杯！」は、「Here's looking at you, kid.」（直訳「君を見ているよ」）。2人でグラスを重ねるシーン、つまり乾杯という場面において、より登場人物の意図をわかりやすく表現している意訳です。これは、宇宙人のメッセージを意訳している感覚と、とても近いといえます。

ナオ「地球さんこんにちは〜」
地球さん「あら、ナオさんこんにちは！　今日はどうされましたか？」
ナオ「今日は、地球さんにインタビューをさせていただきたいのですが、よろしいでしょうか？　地球メタバースがどのように設定されているかを、読者さんに説明したいと思っているんです」
地球さん「それはできません。そんなのネタバレじゃないですか！　こちらは、多くの地球人、初心者から上級者まで楽しめて、簡単にクリアできない、やりごたえたっぷりの仮想世界を日々アップデートするのに忙しいんですよ。バグの修正とかね。いろいろあるんです」
ナオ「地球さん！　重々わかっています。そこをなんとか！　今、地球のクリアは必要以上に難しいと感じてしまって、途中で諦《あきら》めようかなと思っている人が増えているんですよ」
地球さん「ははーん。それは本望です。私の世界は簡単にはクリアできません。ここは仮想世界。つまり、マトリックスを何重にも重ねることができますからねー」
ナオ「地球さん！　お願いします。地球さんの素晴らしさ、美しさは重々承知の上でのお願いです。だって、地球さんはどの惑星よりも大人気の

今、地球のエネルギーは上昇している!?

風の時代になって、みんなの気持ちに軽さを感じられるようになりました。惑星の影響によるものがメインですが、コロナなどで生活が変わり、前よりも時間に余裕ができた人が増えたりしたことで、ギスギスしていた一人ひとりの感情が少し落ち着いてエネルギーが上昇したと、私は捉えています。

惑星なのですから」

地球さん「（ニヤリ）そうでしょう〜。なんです、聞きたいことって？」

ナオ「そうこなくっちゃ。地球さん、ありがとうございます！　風の時代になってから地球全体のエネルギーが上昇し、多くの方々が地球のからくりに少しずつ気づき始めていると思うんです。なので、このタイミングで、今まで秘密にしていた地球の設定を明かせば、読者さんたちは、もっとやりごたえを感じることができるようになると思うんです。そして実は地球さんも、もっと強者《つわもの》を求めているんじゃないですか？」

地球さん「……。でも、設定を教えちゃったら、簡単にクリアされちゃうじゃないですか」

ナオ「地球さん、それは違いますよ。だって、地球さんの何重にもしかけられたマトリックス、これは設定を知っただけではクリアできないほど、よくできた素晴らしいものですよね？　あ、それとも、そんな簡単にクリアできちゃうほどのちっぽけなしかけだったんですか？」

地球さん「ち、ち、違います！」

ナオ「ですよねー！　なので、設定ぐらいは……」

地球さん「うん、まぁ、そうかな。今忙しいから教えてあげる時間はない

地球は本当に世界地図の通りか？

皆さんは、地球といえば、一般的に世間が用いている地球儀や世界地図をイメージしますよね。でも、私がアカシックレコードで見た世界地図は、地図には載っていない大陸が存在していたりなど、少し違って見えています。地図で見る世界が地球のすべてだと思いがちですが、それは地球のほんの一部である可能性もあるのです。

けど、あの同意書になら全部書いてあるんじゃない?」

ナオ「同意書って、地球行きに当選してからサインする、あの『地球メタバース参加同意書』のことですか?」

地球さん「うん、それ。それをナオさんが補足しながら教えてあげれば?」

ナオ「ありがとうございます、地球さん! ありがとうございました!」

地球さん「え、もういいんかーーい! インタビューは終わりかーーい」

「地球メタバース参加同意書」とは一体どのようなものなのでしょうか。そもそも、サインをしたことを覚えていらっしゃいますか?

実は、**皆さんは地球に来る前に、全員例外なく、この同意書にサインをしていた**のです。

地球さんに承諾を(無理矢理)いただけたので、この章の最後に、皆さんがサインをした世界初公開の「地球メタバース参加同意書」を大暴露したいと思います。

南極大陸は謎だらけ!

南極大陸はどこの国にも属さない大陸で、主に環境保護を目的とし、みんなで平和に利用しようと1959年に南極条約が定められました。条約締結国は56か国あり、日本もそのうちのひとつです。南極大陸の近くを飛行したことのあるパイロットの証言によると、南極大陸は大きな氷の柱に囲まれていて、すでに絶滅したといわれている生物や、海底に沈んだと伝えられている大陸を見た、という話もあるそうです。

地球メタバース参加同意書

秘密設定1 参加条件

・当メタバースは、誰でも応募できるが、当選者のみが参加できる。
・地球に降りた瞬間に、「全知全能」の高次元エネルギー体が持つ、その知識と能力を一時的に放棄し、宇宙とは真逆の低次元エネルギー、「不知不能」の地球オリジナル設定にチャレンジする。
・当メタバースで体験したいこと、経験したいことを自ら選んで、「地球でやりたいことリスト」を作成する。

秘密設定2 肉体について

・「地球でやりたいことリスト」を体験するために「不完全な肉体」を作成し、そこに魂として乗り込む。
・陰陽のどちらかだけを選択する。
・5つのエレメント（木《もく》・火《か》・土《ど》・金《ごん》・水《すい》）から、ひとつのエレメントを選択する。

秘密設定3 エネルギーについて

・地球の中央に設置されている「低次元エネルギー装置」により、高次元にはない、低次元独特の影響を受けるようになる。

秘密設定4 意識について

・宇宙の記憶が一定期間あやふやになる。
・意識の矢印が、自分の魂以外のものに向けられる。
・時間の流れが宇宙とは真逆になる。

秘密5設定

プレイヤーのルール

・全49の魂ステージを、1ステージ一生涯として進む。
・グランドサイクルを飛び級なしで、順序通りにプレイする。
・7つの使命からひとつを選択する。

秘密6設定

ストーリーの設定

・ストーリー(人生)はA面B面の2種類があり、一生涯で両面プレイする。

秘密7設定

強制ゲームオーバーについて

・地球特有の低次元エネルギーの値が、ある一定数値より低くなると、地球は自然災害を起こし、すべての生物をリセットする。

特別枠　ライトワーカーのルール

・地球のエネルギー値を正常値に戻す役割を担う。
・一般抽選でなく、特別枠で地球に来ることができる。
・地球の研究員、バグ修正員の役割があるものの、地球人と同じルールで生きる。

以上にすべて同意すること。

署名

ではこれから、
地球の仕組みをもっと詳しく
お話ししていきます。
いよいよあなたが
地球のマトリックスから脱却する時が
近づいてきました。

第2部

「地球メタバース」にしかけられた秘密の設定

メタバース惑星、地球のからくりを熟知せよ！

「地球メタバース参加同意書」を見て、どう感じましたか？

「まさか！　こんなバカな話に同意するわけない！」と思いましたか？

それとも、「ワクワクして同意しちゃいそう！」と思いましたか？

実際、**地球は巧妙につくられた体験型ロールプレイングゲームのような惑星**です。

ロールプレイングゲームとは、プレイヤー自身が自分のアバターを使ってゲーム内の登場人物となり、仮想の世界で悩んだり、戦ったりしながら、成長を遂げていくゲームのこと。

つまり、私たちはアバターである肉体を持って、地球メタバースを楽しんでいるのです。


私たちの魂は、メタバースの地球がどのような設定でつくられているの

地球にゲームをしに来た
高次元エネルギー体

かを、きちんと理解してログインしています。

インターネットを使う時のようにログインして、マトリックスが重ねられたこの地球に参加しているのです。けれど、肉体に入った瞬間から、その設定を忘れてしまうのです。

そこで、ここからは50ページでお伝えした「地球メタバース参加同意書」の内容について、詳しく説明していきます。

どのゲームにもゴールに行き着くため、またはクリアするために最低限知っておくべきことはありますよね。

例えば、お姫様を救うゲームなのか、ポイントを稼ぐゲームなのか、町をつくるゲームなのか、その設定を知らずにプレイしても、的を射ず面白くありませんし、ましてや、そのゲームが現実だと勘違いしてしまっていたら、単なる試練という苦しみになってしまいます。

これから説明する「地球メタバース参加同意書」は、仮想空間にいる夢から目覚めるために、必要最低限の知識です。今までこれを知らずに生きてきたわけですから、迷ってしまうのは、ある意味当たり前なのです。

では、参加同意書をおさらいしながら、内容を詳しく見ていきましょう。

魂は磨けない？

「魂の試練」という言葉がありますが、魂自体はこの宇宙の創造主なので、全知全能の存在。磨きたくても磨くところがないくらい、すでにピカピカで完璧です。それなのに、なぜ「魂の試練」といわれるのかというと、自分の肉体が魂そのものだと勘違いしているから。地球は肉体を持ちながら経験したいことを体験する惑星なので、魂と肉体は別物という概念がないと、生き地獄と感じられることも。でも、すべては、捉え方次第ですよね。

秘密 1 設定

参加条件

・当メタバースは、誰でも応募できるが、当選者のみが参加できる。
・地球に降りた瞬間に、「全知全能」の高次元エネルギー体が持つ、その知識と能力を一時的に放棄し、宇宙とは真逆の低次元エネルギー、「不知不能」の地球オリジナル設定にチャレンジする。
・当メタバースで体験したいこと、経験したいことを自ら選んで、「地球でやりたいことリスト」を作成する。

大人気惑星、地球に生まれる確率は4000億分の1！

メタバース惑星である地球のひとつめの秘密は、抽選に応募して当選しないと参加できないということです。

誰でも好きな時に地球に来られるわけではありません。

地球に住んでいるあなたは、「なぜ好き好んで、争いや妬《ねた》み、競争といったネガティブが蔓延《まんえん》している地球に来るの？」と思うかもしれませんね。

宇宙人たちも祝福する地球行き！

地球行きの当選が決まると、宇宙で何億年も一緒にいた仲良しの高次元エネルギー体たちは、「すごーい！」「応援するね！」「勇敢だねー！」などと、もう大興奮です。地球で一番の味方になってくれる、今、私たちの隣にいる宇宙人さんたちは、見知らぬ宇宙人ではなく、もう何億年も一緒に宇宙で過ごした仲良しさんたちなのです。

ところが、地球というメタバース惑星は、高次元エネルギー体である宇宙人にとって、大人気なのです。どれくらいの倍率かというと、地球に生まれる確率は、4000億分の1だそうです！

つまりあなたは、連続で宝くじに当たる確率よりも狭き門を経て、地球に来ることができた、ということになります。

なぜ、そんな高倍率を突破してでも地球に生まれたいのかというと、**宇宙で高次元エネルギー体として存在している時には味わえない体験・経験を、肉体と共にできる唯一無二の惑星**だからです。

愛溢れる宇宙から、善悪優劣の区別があり、ネガティブエネルギーも存在する地球に転生するということは、高次元エネルギー体にとっては、まるで未知との遭遇です。

実は、人生に起こることはすべて、宇宙では体験することができないイベントのようなものばかりなのです。

そんな「宇宙では体験できないことを経験する！」とあなたは強い覚悟を持って決断をし、ワクワクしながらこの地球に来ていたのです。

戦いがあるのは地球だけ？ 銀河戦争はあったのか⁉

「スターウォーズは本当の話ですか？」と聞かれることがありますが、私は一度も見たことも聞いたこともありません。宇宙は、優劣、対立、分離の概念がない愛と光のエネルギー。宇宙にいると、宇宙と自分が一体であることがわかっているので、もし戦争をするとなると、自分自身と戦うということにしかなりません。

地球に行けるのは〝意図〟したエネルギーのみ

では、どうやって地球に生まれることができるのかを見ていきましょう。

現在、地球以外の惑星に存在している高次元エネルギー体である宇宙人が地球に生まれてくるためには、まずは「地球に行きたい」と〝意図〟することから始まります。

意図するとは、はっきりとした確固たる目的を持つこと。

わかりやすくいうと、「地球に行きたいです！」と、宇宙の「輪廻転生役所」みたいなところへ希望を出します（本当の役所があるわけではありませんが、イメージしやすいように比喩的表現でお伝えしています）。

その後、希望を出した中から、当選した高次元エネルギー体のみが、地球に転生するためのログイン情報が入った「地球許可証」をもらうことができます。

覚えていないかもしれませんが、あなたも意図して、今ここに生きているのです。

地球は管理されている惑星

地球に転生するには、「ログイン情報」が必要ですが、他の惑星へ転生する時は、不要です。これは、地球が楽しむためにつくられたメタバースだという、何よりの証拠です。

人生は「地球でやりたいことリスト」通りになっている

当選した高次元エネルギー体は、「ログイン情報」を得ると同時に、**地球で体験できること、経験できることがすべて記載してある膨大なチェックリストの中から、自分が地球でしたい事柄を自由に選択して、「地球でやりたいことリスト」を完成していきます。**

そのチェックリストには、食べる、飲む、寝るといった、地球特有の行動から、切ない、もどかしい、寂しい、楽しい、嬉しいなどといった、ネガティブやポジティブな感情、また、結婚、離婚、出産などといった地球人特有の社会システム、性別、国籍、肌の色などといった、地球特有である肉体の姿・形まで、すべてを選択していきます。

それは、ディズニーランドで、どのアトラクションに乗りたいか、どのショーを見たいか、何をお土産に買いたいかをワクワクしながら選ぶ感覚に似ています。

地球体験の人気TOP3はこれ！

「地球でやりたいことリスト」の人気ランキングTOP3は、意外にも「もどかしい」「切ない」「ミスコミュニケーション」です。宇宙では、すべては瞬時に行われ、他者が死ぬこともなく、みんなが同じ概念なので、誤解もありません。だからこそ、このTOP3は、「そんなことってある〜？」と思いながら、ワクワクして地球体験を選択しているのです。

ここで大切なことは、**地球でやりたいことリストを選択している時は、私たちはそれがどんなものなのかがわかっていない**という点です。

例えば、「泣く」という体験を選択したとしましょう。「泣く」という体験は、悲しくても、笑いすぎても、わさびがききすぎても起きる現象ですが、高次元エネルギー体は、そこまで詳細にはわかりません。わかっていることは「目から水が出る⁉　何それ、面白そう！」程度です。

また、「もどかしい」とか「憎い」といったような感情も、「何それ⁉　宇宙にはない感情はやりたい、やりたい！」と、軽～いノリとテンポで決めています。

また、**地球での経験ゲージ（どのくらいその経験をしたいか）も自分で設定してきています。**

自らが選択して完成した「地球でやりたいことリスト」に沿って、やがて1ミリのズレもなく、実際に地球で体験・経験することになるのですが、「やっべ――――！　マジ選びすぎた！」と思った時には、もう時すでに遅し……。

選択してきた体験・経験は、地球でどんどん続くことになります。

さぁー、大変だ（汗）。

不毛な恋愛で悩んでいる人の真相！

恋愛がうまくいかず悩んでいる人たちのリストを見てみると、嫉妬、寂しさ、切なさなどの感情を選んでいる場合があります。「嫉妬してみたい！」「寂しさって面白そう！」「切なさを味わってみたい！」と、ノリで選んだものが忠実に現実になっているだけなのですが、現実はなかなかそう割り切れないですよね。

肉体に入る条件は、「不知不能」の設定になること

愛溢れる光の高次元エネルギー体、つまり「魂」と呼ばれているものは、なんでも望むものを叶えることができる「全知全能」の存在です。

宇宙には地球のような時間の概念がなく、すべての思考は一瞬で現実化しますし、移動も一瞬。

肉体を持つ必要もなく、宇宙は愛で溢れています。

しかし、地球に存在している全魂は、「全知全能」のパワーを宇宙に一旦おいて、「不知不能」の設定で低次元の肉体の中に入っています。

要は、ドラえもんが四次元ポケットを未来に置いてのび太を助けに行くようなことを、私たちはやっているのです。

私たちは、**地球を思う存分楽しむために、あえて全パワーを宇宙に置いてきて、不知不能の設定にチャレンジし、そのパワーを再び取り戻すというプレイをしている、勇敢な魂**なのです。

不知不能の設定になるのはなぜ？

不知不能になるのは、その設定自体が楽しいといった感覚よりも、その先にあるものに期待をふくらませているためです。例えば、極寒の冬に氷でできたアイスホテルに泊まるのは、その時期しか見えないオーロラを見たかったりするからですよね。全知全能だと、オーロラが見たければすぐ見られてしまいますが、不知不能だからこそ、わざわざアイスホテルに泊まってオーロラを見る楽しみがあります。要は、その先にある目的を楽しむために不知不能の設定になるのです。

ただし、全知全能のパワーを宇宙に置いてきてはいるものの、パワーがなくなっているわけではありません。

地球にいながら、自分の置いてきたパワーにアクセスし、活用しながら地球を楽しむことは可能なのです。

これが地球で生きる醍醐味でもあるのですが、なかなか難問とされていて、隠されている地球マトリックスのひとつです。

だからこそ、メタバースのからくりを攻略するために、どんな設定で地球がつくられているのかを詳しく知る必要があるのです。

すべての赤ちゃんは愛の塊か？

赤ちゃんって、泣きたい時には泣いて、笑いたい時には笑って、とても自然体ですよね。地球に来てまだ日が浅い赤ちゃんは、ジャッジがなく愛に近い状態で、宇宙的発想の場合が多いでしょう。ただ、年齢別で宇宙に近いか遠いかを判断することはできません。何回目のグランドサイクルで、どの魂の段階（104ページ）かが大きく左右するからです。逆にいうと、大人は愛から一度遠ざかり、愛の大切さを学ぶことで、意識的に愛の塊になることだってできます。過去の経験で、自分が廃れたとか汚れたなどと思う必要はありません。それらを経験することで、愛に戻るのがこの地球でしているゲームなのです。

秘密 2 設定

肉体について

・「地球でやりたいことリスト」を体験するために「不完全な肉体」を作成し、そこに魂として乗り込む。
・陰陽のどちらかだけを選択する。
・5つのエレメント（木・火・土・金・水）から、ひとつのエレメントを選択する。

どの地球人も、肉体はあえて不完全になっているわけ

高倍率を勝ち抜いて、見事当選した愛溢れる光の高次元エネルギー体は、地球に来るために、「地球でやりたいことリスト」にどんどんチェックを入れますが、その瞬間から、「魂の乗り物＝肉体」が3Dプリンターでプリントされるかのように、どんどん〝不完全〟につくられていきます。

「え！　え？　どうして不完全⁉」

と思ったあなた！　素晴らしい着目点です。

リストの内容を経験できる肉体をつくる

魂は自分がどんな肉体になるか知っている！

魂は「地球でやりたいことリスト」をつくって、お母さんを選択し、肉体は自分が選んだ通りにそのまま地球上で作成されます。自分がどういった肉体になるかは、魂は生まれる前から知っていたのです。

どうして〝不完全〟な肉体にする必要があるのでしょうか？
それは、すべてが完全である宇宙ではできないことを、わざわざ体験するための惑星が地球だからです。

宇宙にいる時、私たちは完璧な自分なので、不完全な自分を想像することができません。ですから、**地球でやりたいことを全部体験できるように、結果的に不完全な体をつくって来る**のです。
せっかちな肉体を持っている人は、せっかちならではが感じる「もどかしさ」というゲージを大きく選択したのかもしれませんし、痩《や》せにくいと悩んでいる人は、「肉体を改造するって面白そう！」（宇宙では姿形は一瞬で変えられるので）と、実は強く希望していたのかもしれません。

宇宙ではありえない、一生涯一肉体

魂の乗り物となる肉体は、〝地球専用〟で、リストに準じて完全カスタムメイドでつくられています。

遺伝も体験できるのが、地球メタバース

肉体の遺伝を宇宙的解釈で見ると、「遺伝も体験できる」といった見方です。地球的肉体は男女によってつくられるので、それら人間同士の要素が入るということになります。宇宙では肉体は自分でつくるので、遺伝すらも体験することができないのです。

もし完璧な肉体だったとしたら、宇宙にいる時とあまり変わりませんから、わざわざ地球へ来る意味がなくなります。

自宅がディズニーランドとまったく同じだったら、わざわざ遠出をしてディズニーランドには行きませんよね？　それと同じです。日本語の「体は借り物」という言葉はここからきています。

高次元エネルギー体であった私たちからすると、一生涯一肉体として、生まれた時から死ぬまで同じ肉体で成長や老いを体験するということは、とても珍しいことなのです。

私たちは、すべてのことが瞬時に叶う全知全能のパワーを持っているのが当たり前だったところから、不完全な肉体を持つことで、パワーのない自分を体験・経験することになるのです。

「不完全な肉体なんて、頼んだ覚えはない！」と思うかもしれませんが、「肉体体験ごっこ」ができる地球を存分に楽しむために、その不完全な肉体を自ら選んできていたのです。

魂と密着型肉体は地球だけ!?

宇宙にあるほとんどの惑星は高次元ですので、肉体は不要ですが、欲しい時には瞬時に肉体をつくり出すことはできます。それは、地球の肉体とは違って、出入り自由であったり、変幻自在であったり、少し半透明ぽかったりします。だからこそ、一生変わらない魂と密着型肉体を持つ体験ができる地球は、大人気の惑星なのです。

五感は地球のものを感じるための専用機能

地球にしか存在しない感情や出来事を経験するためには、まず肉体を持ち、その肉体を使って五感（嗅覚・視覚・聴覚・味覚・触覚）を体験します。つまり、五感は地球のものを見たり、聞いたり、と地球のことを感じるための専用機能です。

肉体は、地球のものを感じるためだけにつくられています。そして、その肉体の中に、「本来のあなた」である魂が乗り込んでいます。

ちなみに、地球にはない異次元的存在を肉体で感じようとしても、感じることができません。五感を通して感じるものと同じ感覚では、異次元世界を感じることはできないのです。

よく、五感を鍛えると第六感が開くというお話を聞きますが、五感を鍛えないと第六感（見えないものを感じたり、直感、インスピレーションなど）につながれないということはありません。

宇宙人には2つの脳がある！

五感は地球を感じるためのものですから、宇宙人も地球のものを感じる時は五感を使います。宇宙人は2つの脳を持っていて、状況に合わせて使い分けています。「2つの脳」と聞くと、それぞれの脳の説明がありそうな気がしますが、しっかりとした区別はなく、次元に合わせて使いこなしている、という感覚が一番近いと思います。

五感と第六感はまったくの別物です。

第六感を高めたいなら、常に丹田（おへそのあたり）に意識を降ろして、宇宙とつながっているイメージや自分の感覚に集中したほうが、近道です。五感はあくまでも、この地球メタバースを楽しむためのもの。それはそれで楽しみましょう。

第六感は宇宙にいた時のことを思い出せば出すほど、自然と冴《さ》えてくるようになります。

占いでわかるのは肉体の運気のみだった!?

地球が「四季」や「引き潮・満ち潮」といった、太陽や月の天体の影響を受けているのと同様に、魂の乗り物である肉体も、誕生した時の各惑星の位置と距離によって影響を受けています。

高次元エネルギー体は、肉体が完成した後、地球で体験する「運気」までを選択し、自分が生まれる日＝生年月日を選んでいるのです。

人間の3大欲は、初期設定

「3大欲求」と呼ばれる食欲、性欲、睡眠欲は地球での必須科目です。ですので、選択の必要がなく、どの肉体にも組み込まれています。

多くの占いが生年月日をベースにしていますよね。それは、**生年月日から生まれた時の各惑星の位置を見て、運気がわかる**からです。

特に、四柱推命《しちゅうすいめい》、陰陽五行《いんようごぎょう》などの占いは、魂の〝乗り物〟である肉体の特徴や性質を見ているのであって、生年月日を通して、「魂」について知ることはできません。

昔の人々は、生年月日が地球で持つ肉体に大きく影響することを知っていました。

帝王や国王といった、重大な責任を持つ立場を担う場合、「帝王切開」という、意図的に母体から胎児を取り出す技法を使ったりして、運気をコントロールしてきたこともあったようです。

それにしても、自ら地球で体験したいことにマッチする運気に乗れるように、計算して誕生日を割り出すって、天才ですね！　スーパーコンピューター以上の緻密《ちみつ》さ、知恵を持つ存在、それがあなたです。

帝王切開の語源とは？

「帝王切開」の語源にはさまざまな説がありますが、古代ローマ皇帝のカエサルが帝王切開で生まれたからという説や、占星術によって誕生日が決められていた中国皇帝の出産方法だったという説、「子宮を切開する」という意味のドイツ語「Kaisershinitt」に「Kaiser（皇帝）」という意味が含まれることから、「帝王切開」と訳されたという説などがあるようです。

肉体が本当の自分ではない理由

もうご理解いただけたと思いますが、肉体と魂は別物です。

魂が肉体を操縦していて、魂の乗り物が肉体だったのです。

ガンダムに例えるなら、肉体がガンダムで、魂がアムロ、といった感じです。

そんなこと言われても全然ピンとこない、という人が大半かもしれませんが、なんとなく丹田やみぞおちのあたりに、「何か」を感じている人も多いのではないでしょうか。

心と脳が別に存在しているように、魂と肉体は別に存在しているのです。まさに、**「地球専用のレンタルボディスーツ」で、着ぐるみを着ている感覚**なのです。

そのことを表す日本語があります。それは「自分」。

「自分」という字は、自らを分けると書きますよね。

魂が肉体を操縦している

つまり、**「宇宙では一体である存在を、自ら分けた」という意味での「自分」です**（日本語には、宇宙のルールが隠されています。神秘的ですね！）。

一体のエネルギーから魂と肉体に分け、さらに、本来一人の中で陰陽が備わっている完璧な存在から、陰か陽どちらかの肉体を選択し、宇宙と地球それぞれに存在する自分を持つ、これが、自ら分けた「自分」です。

私たちの肉体は有限ですが、魂は無限です。

寿命をまっとうした後、肉体は燃やされ灰となります。もうこの仮想世界で必要なくなるからです。

地球では大事とされているお金も家族も名声も、何ひとつ宇宙に持っていくことはできませんが、魂は肉体が消滅した後も別次元で存在し続けます。肉体が亡くなる時、地球メタバースでの生涯は終わります。

肉体が自分だと思っていた人も、「もしかしたら本当の自分は違うところにあるのではないか？」となんとなく思ってきたのではないでしょうか？

そんな感覚が湧いてきたら、夢から覚めるのもあと少しですよ。

この肉体は、地球専用のレンタルボディスーツ

私たちは、光のエネルギー体（魂）が、肉体というボディスーツの中に入っている状態で存在しています。ボディスーツから発せられている魂の反射がオーラです。

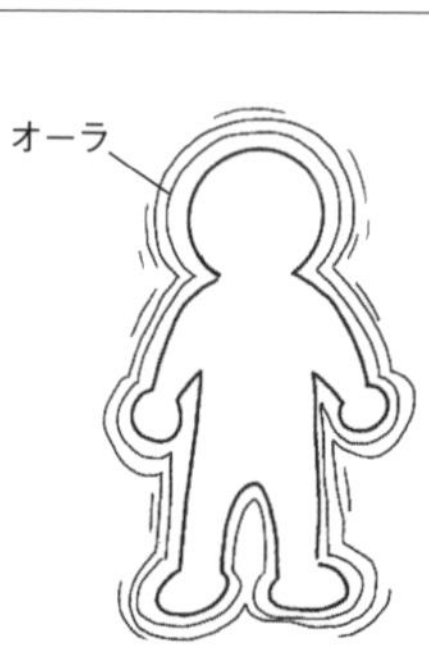

地球メタバースを楽しむ秘訣は、肉体の特徴を知ることだった！

ここで、肉体についての理解をより深めていきましょう。

自分がどんな肉体（気質）をまとっているかを知ることは、具体的に自分の肉体の機能を理解し、自分の魂と肉体は別だったことをしっかりと認識することにつながります。

これが、地球のマトリックスから抜け、メタバースで最大限の力を発揮するためには、とても重要なポイントです。

そこで、肉体のことをより理解するために、肉体の性質や特徴を見る「陰陽五行」の要素を取り入れて説明してみたいと思います。

この地球には、いろいろな占いがありますが、宇宙上のセオリーを表している陰陽は、肉体の解説をするのにぴったりです。

これまで、自分はなぜいつも落ち込んでしまうんだろう、なぜあの人とはいつも意見が対立してしまうんだろうなどと悩んでいたことも、陰陽で

陰陽とは？

この陰陽マークは、宇宙のセオリーを表しています。同じ形が逆転し、色も反転してひとつの円を成している状態。二極であるものが統合しているのが宇宙なのです。

肉体を見るとわかるようになります。

あくまでも肉体の気質であって魂は別ですが、この地球メタバースをより楽しむために、肉体の特徴を押さえておきましょう。

陰と陽の世界観はまったく違う!

では、肉体がつくられる時のことに戻りましょう。

先ほど、「地球でやりたいことリスト」に準じて選択した経験をするために、あえて不完全な肉体がつくられる、と話しましたが、最後に「地球であなたは、人に尽くして愛されたいですか？　それとも愛して尽くされたいですか？」と聞かれます。

高次元エネルギー体には、そもそも「尽くす」という意味がわかりませんが、選択をしなければいけない項目なので、わけがわからないままにどっちかを選択をします。

そして、**「尽くしたい」を選んだ人には陰のボディスーツを、「尽くされ**

肉体の陰陽は、自己理解のツール

肉体の陰陽は、やりたい経験を陰の視点でやりたいか、陽の視点でやりたいかを選択したことがわかり、自己理解に使えます。なぜなら、陰と陽は、真逆の視点で生きているからです。

たい」という人には、陽のボディスーツがレンタルされます。これが、いわゆるあなたの生年月日を決める最終ファクターです。

陰　尽くして愛されたい
陽　愛して尽くされたい

実は、**陰と陽の人間は、それぞれまったく異なる世界観でこの地球を生きています。これは肉体の初期設定のようなもので、見えているものも違えば、物事の捉え方も違います。そのため、目的は同じでも、まったく別のアプローチ方法をとります。**

ですので、お互いの違いを理解すると、見える世界が変わってくるのが陰陽の面白いところです。

家族やパートナー、親しい友人や職場の人間がどちらのタイプなのかを知るだけでも、その人の住む世界観が理解できて、無駄な衝突が自然となくなります。

では、陰と陽、それぞれの世界観を見ていきましょう。

陰陽あるある
その1
日常生活から見る

陰と陽が見ている世界観は、まったく違うので、陰と陽がひとつ屋根の下に住むと、理解が難しいことも多いでしょう。ここからは、陰と陽の世界観の違いをあげてみます。

陰：使ったものの蓋はしっかりと閉めるけれど、次に使う時のことは考えていない(その都度タイプ)。
陽：使ったものの蓋を閉めないけれど、次に使う時の効率の良さを考えている(一気にまとめてタイプ)。

シンプルにまとめるとするならば、こんな感じです。

陰　他者を優先できる自己犠牲型
陽　自分を大切にできる自己愛型

少し例えを使って説明します。あなたはヒーロー映画の主人公です。愛する人（たち）が捕らえられ、命の危険が迫っています。あなたはその愛する人（たち）を救うヒーローだとしましょう。

あなたが陽のヒーローだった場合、「私が必ず全員助ける！　絶対にみんなで（自分を含む）無事に帰る！」に、あなたが陰のヒーローだった場合、「私の命に代えても全員助ける（自分を含まない）！　私のことはいいから生きて！」となります。

違い、なんとな～くわかりますか？

陽は、自分を含め全員を助けるという、決して自己を犠牲にしない強さがあります。陰は、自分の命を投げうってでも、他者のために自己を犠牲にできる強さがあります。

陰陽あるある
その2
日常生活から見る

旅行先で寝床が変わった時、あなたはすぐ寝られる人ですか？　それとも寝られない人ですか？　それも、陰陽で違いがあるんです。

陰：どこでも寝られる。寝つきが良い（そこまでのこだわりがないタイプ）。

陽：場所によって寝られなくなる。寝つきが悪い（枕やベッドにこだわるタイプ）。

まったく違うアプローチ方法ですが、目的は「愛する人を助ける」という同じ目的で、どちらも素晴らしいことはわかっていただけたでしょうか。

なでしこジャパン、侍ジャパンは、最高の陰陽チーム

陰と陽は、どちらが良くて、どちらが悪いというものではありません。ここで、陰と陽の基本的な性格を見ていきましょう。あなたは、どちらのレンタルボディスーツを着ていると思いますか？

【陰の基本的性格】

- **ポイント、ポイントで物事を捉えるのがうまい（ミクロ的な視点）**
- **視点が深い**
- **相手を傷つけるのが怖い**
- **小さなことを、たくさんコツコツと継続するのが得意**
- **丁寧、精密**
- **殿《しんがり》（最後）**

陰陽あるある その3
日常生活から見る

相手とコミュニケーションをとる上で、陰陽の違いを比較しました。

陰：他者に強い興味があるので、人の話を聞く。相手がしたい話題を考える。良かれと思って相手を気遣い、過剰な遠慮をする。

陽：他者への興味が薄く、自分自身に興味があるため、人の話を聞いていない。自分が話したいことを話す。遠慮しすぎると気を遣わせるから、必要以上の遠慮はしない。

【陽の基本的性格】

・全体像で物事を捉えるのがうまい（マクロ的な視点）

・視点が広い

・自分が傷つくのが怖い

・大きなことをドカッと一発でするのが得意

・豪快、ダイナミック

・先駆け（先頭）

陽の「先駆け」は、まさに大将であり、部隊全体を率いるリーダーです。

一方、陰の「殿」とは、戦いにおいて、自軍が退却する際に、部隊の最後尾で迫ってくる敵からの攻撃を防ぐ担当で、一番危険な役割とも言われています。まさに、陰陽を表すのにぴったりな役割の違いですね。

オリンピックやワールドカップで金メダルを獲得したチームを研究すると、面白いことがわかります。

２０１１年にサッカーで金メダルを獲った「なでしこジャパン」は、陽

陰陽あるある その４ 好みから見る

陰陽では好みも異なります。食生活やファッションなど、陰陽の違いを見てみましょう。

陰：凝っているものが好き。料理なら、スモーキーやナンプラーなど、一癖あるもの。甘味は、和菓子、ビターチョコレート好き。冷凍、作り置きもＯＫ。ファッションは、柄物などが好き。

陽：シンプルなものが好き。料理なら、塩コショウのみなど、シンプルに食べたい派。甘味は、洋菓子、ミルクチョコレートなどが好み。できるだけ、フレッシュなものを食べたいと思っている。ファッションもシンプルが好き。

の選手が30％に対して、陰の選手が70％でした。

司令塔気質である陽の選手数は少なく、それに対して陰が多いのです。

サッカーは、選手11名全員がフィールドに出て同時にプレイしますので、全体の陰陽数がチームの強さに活かされたといえます。

また、近年の優勝で日本を沸かせたWBCの「侍ジャパン」を見てみると、一人でマウンドに立つ投手15名中、10名の選手が陽でした。

7割近くが陽の選手です。比べて捕手は全員陰。外野手も70％が陰です。役割に応じて、陰陽の数が変わります。これは、**陽がリーダーとして全体を引っ張り、陰が優秀な現場として機能する**からです。

陰と陽の違いを乗り越えた先にある、素晴らしき世界とは？

一概にはいえませんが、陰の人と陽の人は、得意分野がまったく違います。**陰が得意なことは陽は苦手で、陽が得意なことは陰にはできません。**

だからこそ、お互いが、お互いを補い合えるのです。

陰陽あるある その5 スポーツから見る

陰陽ではスポーツの好みも分かれます。ただし、育った環境によっても好みは変わるので、陰であっても陽タイプの人もいれば、陽であっても陰タイプの人もいます。

陰：球技（テニス、ゴルフなど）好きで、筋トレ派。ジムに通う人も多い。

陽：サーフィン、スケボーなどのシーズンスポーツや有酸素運動が好き。筋トレはしなくても、自然と筋肉ができると思っているタイプ。

お互いがまったく違う性格と世界観で生きているので、最初は理解をするのに時間がかかるかもしれません。

家族間、仕事、夫婦間など、いろいろな面々で、「私はこんなにやっているのに、どうしてあなたはやってくれないの?」などといった、お互いの陰陽を相手に押し付け合うシーンは、多くの人々にとって当たり前になっていますが、自分ができることは当然相手もできる、というのは思い込みでしかありません。

宇宙では、一体の高次元エネルギー体は、それぞれが完全な状態です。完全な状態とは、すべての要素を一体で兼ね備えている、つまり、一人で男であり女であり、陰であり陽であり、親であり子なのです。

それぞれの役割を持つ地球とは真逆ですね!

でも、宇宙との違いを悲観する必要はありません。

そこを乗り越えた先には相互補完という素晴らしい愛の世界が待っているのです。これも、地球の醍醐味のひとつです。

地球人ならではの愛とは?

宇宙人はひとつの高次元エネルギー体の中に、陰と陽の両方を持っています。対立、分離の概念がないのはそのためで、すべて一体で調和できます。一方、人間は陰か陽、どちらかを選ぶ時点で、自分にはないものが存在し、そこを補い合いながら、ひとつの愛を他者と一緒に感じる。これこそが地球ならではの愛といえるでしょう。

地球人の肉体は、「陰陽五行」にのっとっている

陰陽は宇宙上のセオリーですが、五行は地球の法則を説明しているセオリーです。なので、実は、**宇宙と地球を合わせて、「陰陽五行」と呼ばれています。**

五行とは、古代中国から伝わる思想で、地球上で物事すべての基となる5つの要素という意味。

その5つの要素（エレメント）とは、「木」「火」「土」「金」「水」を指します。アニメや小説などでも取り上げられることも多いテーマですので、耳にしたことがある方も多いかもしれません。

この5つのエレメントはお互いに影響し合い、関係性も組み合わせによりさまざまです。

なぜ、5つのエレメントを知ることが肉体を理解するために必要なのかというと、**すべての地球人は、人種関係なく陰と陽の2つに分かれていて、**

5つのエレメンツ

この5つの元素は、一定の法則で互いに影響を与え合いながら、変化、循環しています。相性とは、隣り合う相手を強める関係。例えば、木は燃えて火を生み、燃えた後の灰は土に還り、土の中には鉱物（金）があり、金の表面には凝結により水が生じ、水は木を育てる、という感じです。一方、相剋といって、向かい合う関係は相手の力を抑制します。

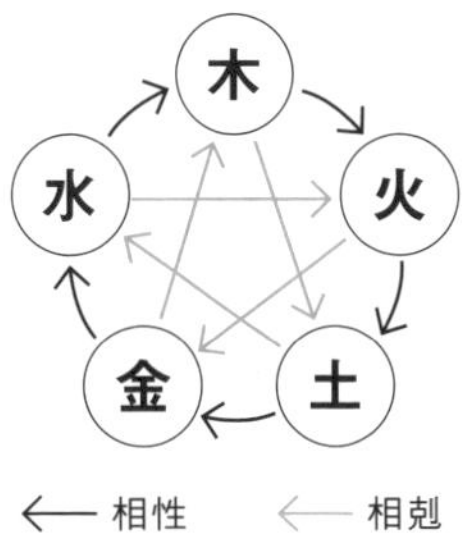

さらに、それぞれ地球で必要な5種類のエレメントに分かれたレンタルボディスーツで生まれてきているからです。

この「木」「火」「土」「金」「水」、それぞれのエレメントの中に、陰と陽が存在します。木の陽、木の陰、火の陽、火の陰、土の陽、土の陰……といった感じです。

陽は陰と比べてパワーが大きく、〝お兄ちゃん〟として表現されます。一方、陰は、陽と比べてパワーが小さいため、〝弟〟と表現されます。どのエレメントも、陽のパワーが大きく、陰のパワーが小さめであることは変わりません。

大きいほうがいいのでは？　と感じられるかもしれませんが、生まれた順番で優劣が決まるわけではないですよね。でも、生まれた順番で見える世界も違いますよね。

宇宙には善悪の判断は存在しませんので、ただそこに違いが存在するというだけです。

どちらも、それぞれ素晴らしいことに変わりはありません。

あの有名人のエレメントと陰陽は何？

大谷翔平　水の陽

ダルビッシュ有　水の陽

＊2人は同じエレメントを持っていますが、これも偶然ではありません。ダルビッシュの元妻・紗栄子は木の陽。再婚した聖子は火の陰。

ジェニファー・アニストン
火の陰

ブラッド・ピット　木の陰

アンジェリーナ・ジョリー
金の陰

＊この3人の例を見ると、ブラッドは陰なので、陽女性ならうまくいった可能性大。

ここまでくると、自分の肉体は、どんなレンタルボディスーツを着ているのか、気になりますよね。

次のページに、それぞれのエレメントごとに、性格の特徴をあげてみました。巻末付録（242ページ）の「陰陽とエレメントを知る計算式」で、自分のエレメントと陰陽を調べてみましょう。

調べたら、次のページの性格特徴を見て、自分の強みや弱みを知っておくと、自分がどんなボディスーツを選んだのかがわかりますよ。

トランプ元米国大統領
土の陰
ジャスティン・ビーバー
火の陽
ヘイリー・ビーバー
水の陰
レオナルド・ディカプリオ
火の陽
レディー・ガガ　金の陰
リース・ウィザースプーン
水の陰
浜田雅功　木の陽
松本人志　木の陽
YOASOBI
Ayase　金の陽
Ikura　火の陽

あなたのレンタルボディスーツを調べよう

*［］内は陰陽五行の正式名称です。

242ページの計算式で、エレメントと陰陽がわかったら、ボディスーツの特徴を知って自己理解にお役立てください。

木

陽［甲《きのえ》］

真っすぐに空へ伸びる大木のイメージです。おおらかで人に優しく、活発な性格。柔軟性を備えていて、大物になる可能性が高い人です。自分の信念を大切にするため、頑固な一面を持ちますが、その一途さが魅力のひとつでもあります。

木の新芽が大木になるには、長く地道な努力の積み重ねが必要ですが、ちゃんと最後までやり遂げる強さがあります。

陰［乙《きのと》］

草花のイメージです。木の陽よりは内向的ですが、大きな可能性を秘めている点は同じです。自分の力で道をコツコツと切り開いていくタイプで、一見難しそうに見えることでも、真っ当な手段で、真正面から挑戦をしていくタイプです。

慎重で、優柔不断な面もありますが、それを乗り越えた時の飛躍っぷりは、まるで人が変わったかのような印象を与えます。穏やかで温和な性格ですが強い意志があります。

火

陽【丙《ひのえ》】

イメージはまさに太陽そのものです。五行の中でも一番パワフルで、地球にとって太陽の影響がとても大きいのと同様に、他のエレメントに対して圧倒的な存在感を放ちます。気性は荒め、活発、頭の回転が速くて、権威欲もあって、野心ありありタイプ。さらりとした性格で、仲間思いのため、抜群の統率力を持ちます。勘が鋭く、努力を重ねて、一流のトップになれる器の人。みんなに光を与える、文字通り、太陽のような人です。

陰【丁《ひのと》】

灯りのイメージ。陽の太陽とは違って、キャンドルのようなほっとする灯りで、人々を優しく照らしますが、時には何かの拍子で爆発し、激しく燃えるといった二面性を持っています。

通常はゆらゆら揺れる灯火のような穏やかなイメージを与えますが、同時にしっかりとした芯を持っている人が多いです。感受性も豊かで、人望が厚く、争いごとは好みません。静寂の中のミステリアスな存在です。

土

陽 戊《つちのえ》

日の恵みを受けた広大な大地というイメージです。植物や生命が生まれ、育まれる場所なので、繁栄するという意味を持っています。土は、じっとその場から動きませんから、地味で保守的。性格は温厚ですが、わがままな側面もあります。また、土の中にはいろいろなものが埋まっていることから、秘密主義という見方もあります。

実直な印象を与える人が多く、何事にもタイミングを待って動きます。なので、動きがスローに見えることもありますが、一度動き出した後の変化は速いです。

陰 己《つちのと》

これから開墾《かいこん》されていく土地のイメージで、大きな可能性を秘めているタイプです。納得するまで時間がかかるので、頑固な印象を与えることもありますが、さまざまな作物を受け入れる畑のように、温和な性格で、誰に対しても公平なお付き合いを望みます。見た目に反して、内に秘めた情熱は深く、自分なりの信念を強く持ちます。土地を耕すためには力仕事が必要となりますが、自分の意志をしっかりと持つことで、人生の道が開けるタイプです。温厚な印象を与えますが、野心もしっかりあり、かなりの頑固さんです。

金

陽 庚《かのえ》

意志が強く、思い切りのある行動で周りを驚かせます。現実的な考え方をしますが、ひとつの考えや生き方にこだわるのではなく、臨機応変に対応できる瞬発力と柔軟性があります。

状況に応じてスピーディーに考えや方針、信条が変わっていくのが特徴的なことから、突拍子もなく映ることもありますが、激しい変化が得意で、同じところにとどまるよりも、動き回ることを好みます。周りには、パワフルに見え、頼もしく思われるでしょう。仲間外れを極端に怖がります。

陰

辛《かのと》

一見、「金の陽」と比べておとなしめの印象を与えますが、内面は「金の陽」よりも頑固かもしれません。高い美意識と繊細な感性に恵まれた人で、自分磨きが得意です。

自分なりの高みを目指して切磋琢磨することで、充実感を得ることができますが、自分を磨いている最中に、強固な意志や、強烈な信念を持つことが多いため、小さくとも世界で一番硬く、美しいダイヤモンドのようなイメージです。

水

陽

壬《みずのえ》

イメージとしては大河のような人です。サラリとしていて、アクティブ。人生に対して肯定的で、遊び心があります。情に厚く、社交性も高いので、仕事でもプライベートでも人脈に助けられることが多いでしょう。波のように大きな流れに乗ることで、成功をつかみます。

波が自由に形を変えるように、その時の情勢に合わせて姿形を変え、自分の直感を信じて、臨機応変に対応をすることで、大きな波の流れに乗ることが可能となります。

陰

癸《みずのと》

イメージとしては、静かに湧き出る泉のような人です。明確な自分の意志はあるものの、人の意見に簡単に流されてしまう傾向もあります。

他者に奉仕する精神が強く、忍耐力もあります。真面目で正直な性格で、内に秘めた譲れないものを持っています。どちらかというと、自ら道を切り開くというよりも、与えられた場所でベストな形を見出し、評価されるタイプです。

水は、器や場所によって簡単に形を変えることができる性質を持つことから、細部まで注意を払い、適応することが可能な人です。

秘密3設定

エネルギーについて

・地球の中央に設置されている「低次元エネルギー装置」により、高次元にはない、低次元独特の影響を受けるようになる。

低次元エネルギー装置が、地球のマトリックスを複雑にしていた！

高次元エネルギー体のあなたは、陰陽五行に分かれたボディスーツを着て、地球メタバースに参加していますが、その地球の中央には「低次元エネルギー装置」というものが設置されています。

この装置は、地球メタバースを保つために必要なものであり、かつ、地球のマトリックスを複雑にしている正体でもあります。

それは一体どのようなものなのでしょうか？

次に、低次元エネルギー装置の3つの特徴を詳しく説明します。

地球の謎！　低次元エネルギー装置

低次元エネルギー装置の動きは、地球のエネルギー値に合わせて、随時変化しています。今、地球のエネルギーが上昇していますが、急に高くなって地球上の肉体が一瞬にして消えないようにも作用しています。

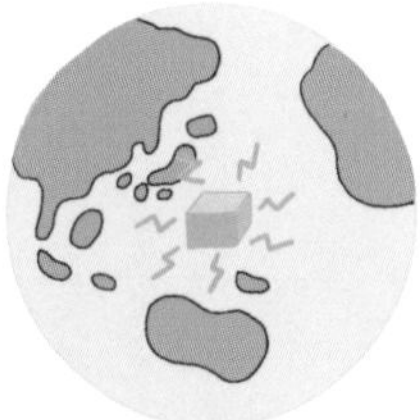

地球の中央に、低次元エネルギー装置が設置されている

①地球を低次元惑星に保ち、肉体を保持する

地球があえて低次元に設定されているメタバース型惑星であることは、何度もお伝えしている通りですが、肉体を保つためには低次元であることが大前提です。

そこで、**地球はあえてこの低次元エネルギー装置を地球の真ん中に設置し、低次元惑星でのみ可能である肉体を持って、宇宙ではできない様々な体験を可能としている**のです。

地球の次元が上昇してしまったら、私たちは肉体が一瞬で消えてしまいます。そんなことになったら大変ですよね！ なので、それを防ぐために、この低次元エネルギー装置が機能しているのです。

②上から下へと流れるエネルギーを生む

地球にいる私たちは、誰もが重力を感じていると思います。

重力とは、簡単に言うと上から下へと流れているエネルギーで、低次元エネルギー装置の一部です。

リンゴが落ちる様を見て、ニュートンが重力を発見したといわれていま

波動は引き寄せるのではなく、自分が望む波動になる

同じ波動は引き合うので、自分が欲しいものの波動に「自分を」合わせることによって、手に入れることができます。喜びは喜び同士が引き合い、辛いは辛い同士が引き合います。傷の舐め合いというのは、自分が不幸だった時に、たまたまお友達も不幸にあったからとても運命的！なのではなく、ただ引き合っているだけなのです。

すが、なんと物質だけではなく、実は感情も上から下へと流れるエネルギーの影響を受けているのです。

つまり、**寂しさ、虚しさ、自己嫌悪、虚無感などの、地球で「ネガティブな感情」と呼ばれているものは、重力の下へと引っ張るエネルギーに含まれていた**のです。

私たち地球人が落ち込みやすいのは、あなたの性格が弱いからではなく、鬱《うつ》状態だからでもなく、頭が悪いからでもなく、ダメ人間なわけでもなく、地球の下りエネルギーにただ引っ張られてしまっているだけなのです。

一度落ち込むと、どんどん落ちていく感覚を受けるのも、この装置の影響で、ちっともあなたのせいではありません。

言ってみれば、それは、下りエスカレーターに乗っている感じや、蟻地《ありじ》獄《ごく》に引きずられるような感じに似ています。

地球で生きるというのは、下りエスカレーターを逆向きに上るといった、流れに逆らう感覚に近いのです（実際に試さないでくださいね！）。

無意識でいると、エネルギーは下へ流れる

ただぼーっと過ごしていると、知らず知らずのうちにネガティブなエネルギーに引っ張られるようになっています。地球は地球人に夢から覚めてほしくないので、地球人が無意識に生きるように日々頑張ってマトリックスづくりに励んでいるのです。

重力に逆らう超簡単な方法

ネガティブな感情を、必要以上に怖がる必要はありません。

なぜなら、人は寒い冬を体験するから、夏の暑さを〝暑い〟と認識することができ、夜の暗闇を経験するから、朝日を〝眩《まぶ》しい〟と体感することができ、悲しみを経験するから、〝楽しい〟や〝嬉しい〟をより一層大きく感じることができるからです。

何かと何かを比べることでわかること、感じられることってたくさんありますよね。**私たちは、自分のことを知りたくて知りたくて、比較を通して学ぶことができる地球に来ているのです。**

寒いや、暗いや悲しいといった感情を「ネガティブ」と捉えていただけで、実際にネガティブなわけではありません。

宇宙にいれば、地球みたいにはっきりくっきりと感じてみたいと思いますし、地球にいれば、「悲しみはもうたくさん！　宇宙みたいに愛だけで溢れていたい」と、ないものねだりを繰り返しているようなものなのです。

最悪続きで悩んでしまう人の共通点

地球で起きることは元々、すべて最善の結果にしかなりません。どれだけ頑張ったとしても、最悪の結果にはならないのです。そうはいっても、最悪なことばかり起きる！　という人は、悩んだり、心配したりすることで、自分自身が波動を下げてしまい、その問題を複雑にしているだけなのです。

ちなみに、**地球で流れに逆らって上るにはどうすればいいかというと、「行動」すること**です。

「キタ――――――行動！　それが一番難しいー!!」

と思っていませんか？

そう、地球は行動の惑星。「行動」とは、別にノーベル賞を取るとか、会社を設立するとか、王様と結婚するとか、そんなハードルの高いものではありません。

ふと空を見上げるとか、美味しいコーヒーを飲むとか、お友達が話した面白いお話にクスッと笑うとか、そんな**当たり前のなんてことのないような軽い行動が、この重力に逆らうことができるひとつの方法となる**のです。

「え？　こんなんでいいの？」

はい。そんなんでいいのです！　断言します。

③制御機能がある

落ち込んでしまうと、何もしたくない、一日中ベッドで寝転んで泣いていたい、なんて思ってしまうこともあるかもしれません。

行動することで、地球の下りエネルギーに逆らうことができる

そうなってしまうと、自分一人が落ち込んでいるつもりでも、実は地球全体のエネルギーに影響を与えてしまいます。

この低次元エネルギー装置の制御機能とは、地球を低次元に保つためにあるので、一定の次元以下になることを防ぐ機能も持っています。

あなたがとても落ち込んでしまった時、ある一定以上落ち込んだら、なぜか急に気分が晴れたり、吹っ切れたりして、楽しくなっちゃったりした経験はありませんか？

実は、こういった「トランポリン現象」も、この低次元エネルギー装置の影響だったのです。

このように、地球のエネルギーは宇宙とは違う、地球ならではの流れ方をしています。地球は、肉体を保ちながら気分の上がり下がりを体験することができる特別な惑星なのです。

宇宙にある「振り子の法則」

トランポリン現象は、極端に落ち込んでしまったり、行動を取れなくなってしまったり、低次元エネルギー装置の影響を必要以上に受けてしまい、もうこんな状況やだー！　となったら発動します。宇宙のすべては陰陽の振り子の法則でできているので、最低があるから最高があり、失敗したから成功できるのです。思い切り悪い方向に偏ると感じ方が大きくなるので、「この道は間違っているサインだ」と勘違いしたりして、夢が中断されがちですが、ちょっと嫌なことが起きたくらいでクヨクヨせず、そのまま自分を信じ切ると夢が叶います。

秘密4設定

意識について

・宇宙の記憶が一定期間あやふやになる。
・意識の矢印が、自分の魂以外のものに向けられる。
・時間の流れが宇宙とは真逆になる。

地球体験は、あえて弱い生命体になることから始まる

宇宙の記憶が一定期間あやふやになっているというのは、皆さんはもう感じていらっしゃるのではないでしょうか。

宇宙の記憶としてはっきりわかっていなくても、初めて聞いた話なのにどこか懐《なつ》かしい感じがしたり、なんかそれ知ってる、という感覚に陥った経験を持つ人もいるでしょう。

それは、あなたの宇宙での記憶かもしれません。

宇宙人は、なぜ自分以外のものに意識の矢印が向かないの？

宇宙人だって、時には自分以外のものに意識の矢印が向くこともあるんじゃない？ って思いたくなりますよね。でも、宇宙人は自分にしか意識の矢印が向きません。なぜなら、宇宙での感覚は、自分と他者を分けていないからです。宇宙と一体化していて、自分が創造主だという認識がしっかりある状態なので、他者と同じになりたければすぐになれてしまうし、同じになりたくなければならなくていいので、結果、自分以外のものに矢印が向く必要がないのです。

宇宙の記憶をあやふやにする一番の理由は、そう、この地球というメタバースでより面白い体験をするためです！

まず私たちは、全知全能である宇宙の創造主という完璧な存在から、地球に生まれて突如《とつじょ》、誰かにお世話をしてもらわないと死ぬ、という弱い生命体を体験するという状態からスタートします。

覚えていないと思いますが、「お世話されるって何？」「オムツをはくって何？」とワクワクしながら、ゼロからの地球体験をとても楽しみに来ていたのです。

自分と他者を比較する地球、比較という概念すらない宇宙

と、ここで改めて宇宙と地球の違いを並べてみます。

宇宙には、自分と他者との境界がありません。
地球には、自分と他者との境界しかありません。

自分と他者が別々の地球

自分も他者もひとつの宇宙

宇宙では、愛が最も崇拝《すうはい》されています。
地球では、思考や科学が最も崇拝されています。

宇宙では、自他ともに完璧で、同じ姿形、同じ愛を持って生活をしているので、他者との境界線が存在しません。

逆に地球では、そもそも愛の概念が難しいため、自分以外は「他者」としてしっかりと区別されています。宇宙には、この区別の概念が存在しません。

地球では、自分と他者には「違い」があり、自分と他者を「比較」して、自分と他者の「優劣」を競います。

宇宙では、「違い」も「優劣」も「比較」も存在しません。すべての魂は全知全能で完璧な存在なので、その概念すらもありません。

地球では、自分の肉体の中にいる「魂」の存在に気づいてしまうと、夢から目覚めることに近づいてしまいますよね。

このメタバースをより面白くするために、それではいけないと、地球では自分の「魂」以外に最も注意がいくようなエネルギーが流れています。

宇宙人の姿形って⁉

よく〝宇宙人〟と聞くと、お馴染みのＥＴや、グレイなどの宇宙人を想像するかもしれませんが、基本的にみんなが光のエネルギー体です。どの宇宙人も姿を自由につくることができるので、「グレイっぽくなってー」などとお願いすると、すぐになってくれますよ（笑）。

「魂以外」とは、自分の肉体の不完全さや、他者など。例えば、自分の体のコンプレックスばかり気にしてしまったり、他者の言動が気になったり、他人の目を必要以上に気にしてしまったり。

こういった**一切知る必要のない情報へとあえて強制的に目を向けさせ、本質から目を背けるように設定されているのも、地球マトリックスのひとつ**です。

「私、なんで痩せないんだろう」と肉体の不完全さを嘆いたり、「人からどう思われているんだろう」「なんであの人は、ああなんだろう」と他人のことが気になって仕方なかったり。

それも自分以外のものに目を向けさせる、地球ならではのマトリックスだとわかると、すべての悩みは、地球エネルギーに引っ張られていただけだったんだ！　と思いませんか？

ほら、少しずつ夢から覚めてきましたね！

知識より体感！

クライアントさんの多くが、最初は目の前にある問題にどう対処すれば良いですか？　というご相談からスタートしますが、途中から、「あ！自分が変われば、現実は変わるんだ」という事実が実感を通してわかってきます。私のセッションは、とにもかくにも「実感」を最重視しています。いろんなことを言われても、わかりやすいのは体感すること。実感を通して学ぶほうが楽しいし、何よりも腑に落ちます。

時間の流れは、未来からやって来る

時間は、過去↓現在↓未来と流れているのが当たり前、と思っていませんか？

実は、**時間の流れは、未来↓現在↓過去**です。

「もう、どういうこと〜??」と、頭が混乱してきた方もいらっしゃるのではないでしょうか？

日本で江戸時代に使われていた和時計は、現在の時計とは違い、針ではなく文字盤が動くようになっていたそうです。

これは固定された針が〝自分〟で、回転する文字盤が〝未来から過去に流れて来る時間〟、という捉え方だったようで、パラレルワールドにまつわる時間の流れとよく似ています。

パラレルワールドとは、同時に並行して存在している次元であり、並行

過去は変えられる！

同じ空間で同じ時間を共有していても、覚えていることがそれぞれ異なったり、「あれ？　一緒にいた人、違う人だったっけ？」など、あやふやに感じた経験はありませんか？　相対性理論を発見したアインシュタインも提唱していますが、過去・現在・未来は同時進行中です。例えば、過去の辛い経験も、現在でそれを超える素晴らしい経験をしていたら、その辛い過去の経験も「あって良かったなー」と感じ方が変わることがありますよね。つまり、過去は他の時空に合わせて変わるのです！

して存在する複数の異なる世界のことをいいます。

例えばテレビは、並行して同じ時間にいろいろな番組が流れていますよね？　どの番組を見るかは、リモコンを使って自分が見たい周波数に合わせて視聴します。

これと同じで、**私たちも自分が意図する並行時空に周波数を合わせて移動することが可能です。**というか、常時移動していたのです。

例えば、ひとつのパラレルでは、今、あなたはカレーライスを食べていて、もうひとつのパラレルでは、今、あなたはお花を摘んでいて、もうひとつのパラレルでは、今、飛行機に乗っていたりします。

地球の感覚で聞くと不思議すぎますが、**すべての地球人は同時並行で今いる次元とは異なる世界に無限に存在していて、それを意図して認識した時にのみ現実化する**、といった考え方です。

それは、量子力学的にいうと、この宇宙には「実在」しているものは何もなく、それぞれが意識をして観測可能なものだけが、意識の延長線上に出現して現実となるということです。

つまり、「自分が想像できること」というのは、実際にそのパラレル（複数の並行世界）が「自分のパラレル内」に存在するということなのです。

この世界は認識したものだけが実在している

「二重スリット実験」と呼ばれる有名な実験がありますが、それによると、物質を構成する分子、原子、電子などすべての量子は、人間が観測していない時は波になり、人間が観測している時は粒になることがわかっています。観測者がいるかどうかで、量子の動きが変動するということは、認識したものは実在し、認識しないものは実在しないということ。つまり、観測者がいなければこの世界は何もないということです。

パラレル移動は未来が必ず先に来る！

パラレルを移動するというと、SFのような印象を受けるかもしれませんが、**私たちは無自覚に、「牛丼食べたいな」と思ったら、牛丼を食べるパラレルに行き、「旅行したいな」と思ったら、旅行するパラレルに行く、というように、パラレル移動（次元移動）を重ねています。**

それは、ただ決めたことをやっているだけなのでは？　と思われるかもしれませんが、「牛丼を食べたい！」と想像できたということは、未来に牛丼を食べているパラレルがあるということ。

つまり、パラレルワールド移動は、「未来」が必ず先に来るのです。

願望とは、まずはなりたい未来の自分を決めたことによって、そこへ向かう現実が「現在」として生じます。

こうしてたくさんの「未来＝パラレルワールド」を移動したあなたが、改めてその動きを振り返った時、一連の移動を「過去（移動した軌跡《きせき》）」と

宇宙に時間はあるの？

それぞれの惑星の時間感覚は異なります。宇宙ではすべてが瞬時に変わっていきます。地球の感覚からすると、速すぎる感じです。私たちのような、時間軸では生きていません。

感じるのです。

つまり、未来↓現在↓過去の順番で、私たちの世界の時間は流れていたのです。

多くの人は、未来は決まっていて、それが起こることを待っているだけの受け身の姿勢で未来を捉えていますが、違います。

未来はあなたが決めてビジョンを持てば、その通りになるのです。

これが、あなたが望んだことはなんでも手に入れる「魔法」です。そして、あなたはそもそも魔法使いなのです！

けれど、そう簡単に願いが叶わないように、地球は、時間の流れを過去↓現在↓未来というふうに感じるよう設定し、マトリックスを複雑にしていたのです。

この調子で、どんどん、地球メタバースを暴いていきますね！

パラレルワールドが、身近な話題に！

2023年に、アカデミー賞7部門を受賞した映画「エブリシング・エブリウェア・オール・アット・ワンス」は、パラレルワールドのカオスな感じを面白く描写しています。

秘密 5 設定

プレイヤーのルール

・全49の魂ステージを、1ステージ一生涯として進む。
・グランドサイクルを飛び級なしで、順序通りにプレイする。
・7つの使命からひとつを選択する。

魂には、全部で49のステージがある

さぁ、ここからは、地球というメタバースにいることが感覚的にわかってしまう、プレイヤーのルールを説明します。

実は、魂にはステージがあって、全部で7段階7ステージに分かれています。そして、7つの使命の中から自分がやってみたい使命をひとつ選び、地球メタバースにログインします。

こう聞くと、ステージによって優劣があるのかと想像してしまうかもし

「ドラクエ」の世界と地球メタバースは酷似している⁉

あなたは「ドラゴンクエスト」などのゲームをしたことはありますか？　この地球メタバースは、本当に私たちが楽しんでいるゲームの世界と同じことをしています。全49の魂ステージがありますが、これはドラクエでいえば、決められた最高レベルが存在するのと同じです。また、7つの使命からひとつを選択するというルールは、ドラクエⅠ～Ⅺのどのシリーズをプレイするか、または、戦士、賢者、遊び人などの職業を選択するのと似ています。

れませんが、違います。

このステージは、魂の優秀さや、どれだけ磨かれているか、などを表しているのではなく、**今どのあたりをプレイしているかという地球ゲームにおいての位置表示**です。つまり、あなたの地球での輪廻転生においての段階を知る指針です。

自分が尊敬している人や、人格者、有名人などは、魂のステージが高いからきっと成功しているんだ、と誤解している人が多いのですが、何度も繰り返しお伝えしているように、魂は全知全能で完璧な存在。

どこまでいっても、宇宙や魂に優劣はないのです。

魂のステージや使命などについては、この後詳しく説明しますが、次のページで、まずはプレイヤーのルールの全貌を明らかにします。

ざっと眺めて、ピンとくる文字や数字があったら、メモしておきましょう。それは、宇宙からのメッセージかもしれません。

メタバースの中で、メタバースが流行!?

近年では、オンライン上の仮想空間であるメタバースで自分自身のアバターを用いてプレイするゲームが流行っていますが、そもそも私たちは、この地球メタバースにゲームをしに来ています。ですから、地球ゲームに興じている状態とは、メタバースの中でメタバースをしていることになります。

7つの使命と、魂の段階&ステージのルール

7つの使命

＼ 選ぶ ／

- サーバー（奴隷）
- 職人
- 戦士
- パフォーマー（表現者）
- 学者
- 神父
- キング（王様）

▼

魂の段階

＼ グランドサイクル ／

- 1 プレ
- 2 ベビー
- 3 ヤング
- 4 マチュア
- 5 オールド
- 6 マスター
- アセンション
- 7 インフィニット

魂のステージ

1 → 2 → 3 → 4 → 5 → 6 → 7

〈ルール説明〉

・地球当選1回目は、魂ステージ「1プレ-①」から地球の輪廻をスタートし、「1プレ-①」を一生涯とします。1ステージ一生涯と決まっていて、生まれてから死ぬまでが、1ステージです。

・地球で「1プレ-①」において生と死を体験したら、次に地球へ来る時は、「1プレ-②」、その次は「1プレ-③」……といった順で、飛び級なく、順番通りに進んでいきます。1プレ-①から始め、1プレ-⑦まで進んだら次の段階、2ベビーに進み、またステージ①~⑦を過ごします。そして、6マスター-⑦が最終ステージです（7インフィニットは、のちほど説明します）。

・同じ使命で、すべての魂ステージを一周すること、これを「グランドサイクル」と呼びます。グランドサイクルの途中で、使命を変えることはできません。また、地球に転生している間も、グランドサイクルが終了した時点で自分の決めた魂の使命をクリアしない限り、次のグランドサイクルでも同じ使命で何度も地球をプレイします。

・6マスター-⑦の最終ステージでは「試験」のようなものがあります。これが、地球マトリックスのゴールです。試験では、自分が選択してきた「使命」にどれだけ宇宙的意味で貢献できたかが合格の鍵となります。

・試験をパスすると、自分が選択した使命に星（☆）が付きます。次回地球に来る時には、星がついた使命は二度と選択ができなくなるので、残りのまだ星がついていない使命から次の使命を選択します。

・試験をパスできなかった場合は、次の地球転生も同じ使命で、グランドサイクルを1プレ-①からスタートすることになります。

・4つ以上の使命に星が付くと、インフィニットといって、アセンションができます。アセンションは、日本語では〝上昇〟と訳され、殿堂入りするイメージです。

8000年ほど間をあけて地球に転生する魂もいる！

地球的には、魂のステージが高いことが一番良いという印象を受けるかもしれませんが、そういうわけではありません。

これは例えば、「スーパーマリオブラザーズ」のゲームをプレイしていて、ステージ1から順番にスタートしていく様子に似ています。早くゲームをスタートしたか、後からスタートしたかの違いのみです。

このルールは地球だけのルールであって、他の惑星には存在していません。

今自分がいるステージは、地球行きに当選したタイミングや、他の惑星での輪廻転生が複雑に絡《から》み合っています。

例えば、幼くして宇宙に還る魂もあれば、100年という長い寿命を生きる魂もあります。

地球の転生を終えて、またすぐ地球に転生希望を出す高次元エネルギー体もいますし、次は他の惑星に転生する高次元エネルギー体もいるので、

地球オタクは意外と多い!?

地球人は、グランドサイクル10回越えの「地球オタク」が多く、地球でしか体験できない、食べる、寝る、噂話、悪口、ジャッジなどが得意。地球転生が多いほどスピリチュアルなイメージがありますが、実際はその逆で、地球ならではの体験を満喫している魂のほうが多いようです。

地球に費やされる時間とタイミングは、それぞれで異なります。

それぞれの魂が、それぞれのタイミングで地球に転生をしているので、長い時は、8000年ほど間があく場合もあります。

宇宙では、8000年はあっという間に感じてしまうのですが、地球にいると気が遠くなりそうな年月です。

そのくらいひとつひとつのステージは離れていて、私たち地球人は1グランドサイクルを、(地球からすると)長い年月をかけて一周しているのです。

魂は、地球以外の惑星にも何度も転生している

グランドサイクルの経験数は、地球での輪廻転生の経験数を表しています。**地球のグランドサイクルが多い方は、地球のことにとても詳しく、地球のエネルギーを強く受けている魂となりますし、地球のグランドサイクルが少ない方は、他に転生数が多い惑星の影響を強く受けていることが多い**といえるでしょう。

何度も地球で辛い経験をする理由

地球に転生する間が8000年くらいあいていると、喉元過ぎれば熱さを忘れるで、前回地球でものすごく苦しい思いをしても「あの経験、面白かったかも。もう1回やってみようかな。よ〜し、次は絶対クリアするぞ!」と意気込んで地球に来る魂もいます。地球のからくりを知っていたら天国になりますが、知らなければほんと地獄です(汗)。

すべての魂は、地球だけではなく、いろいろな惑星を転々としながら転生を繰り返しています。

どこの惑星に転生していたかは、その人に付いている宇宙人が教えてくれるのですが、長く滞在した惑星もあれば、何度も転生している惑星もありますから、今まで転生してきた惑星によって、魂の特徴も違います。

よく、地球での過去世が今の自分に影響しているとされ、前世占いやカルマなどのお話も聞きますが、**地球以外の惑星に転生しているほうが多い魂は、ほんの一瞬である地球での過去世よりも、過去に転生したことのある惑星での経験の影響のほうが大きい**のです。

転生した惑星はたくさん存在しますので、ここでは割愛しますが、いつか転生惑星大図鑑をまとめてみたいなと思っています。

次に、それぞれの魂の段階の説明をします。

繰り返しになりますが、あなたの魂は全知全能。あなたは宇宙の創造主です。

地球以外の惑星にいる場合、どの魂も完全で、自他との境界線はありま

地球に来る前に転生してた惑星は？

魂が転生する惑星はたくさん存在しますが、地球への転生が多い惑星は、月、アークトゥルス、プレアデス、シリウス、アンドロメダ、オリオン、金星など。魂は惑星の影響を受けやすいことから、転生してきた惑星によって魂の特徴も違います。

せん。魂の段階とステージは地球オリジナルのルールで、優劣をつけるものではないことを、しっかり頭に入れておいてくださいね。

では次のページから、魂の7つの段階について詳しく見ていきましょう。

過去世のカルマは存在しない⁉

「過去世で悪事を働いたから、今世はそのカルマの清算で良い生き方ができない」という話を聞きますが、プレイヤーのルールから、それはありえません。例えば、「スーパーマリオブラザーズ」のゲームのステージ1でマリオが敵を全員やっつけられなくても、ステージ2ではなんの影響もないですよね。それと同じで、魂のステージが始まる時は、前の魂のステージは関係なく新しい設定で始まるので、過去世のカルマは影響しません。

魂の7段階

全部で7つに分かれた魂の段階をくわしく見ていきましょう。

1 プレ　地球をチラ見したい魂さん

地球に来るのが初めてだったり、ちょっぴり緊張気味の魂。体を持つことを初めて体験する魂もいれば、地球の重力や、選択した使命の地球ゲームのルールに対して、ドキドキ・ワクワクしている魂です。

地球を「ちょっとだけ見学したい」といった体験を希望する魂がとても多く、例えば、母体の中に入ることだけを経験してみて、それ以上はまた次どうするか考える、といったように、地球に来てすぐに宇宙に戻ることを希望することが多い魂です。

地球をのぞき見して、すぐ宇宙に還る魂もいる！

1プレの魂の中には、地球がどんなものか、新しく選んだ使命がどんなものかを知るために、ちょっとだけ様子をのぞき見して、すぐに宇宙に還ることもあります。

2 ベビー　地球をオリエンテーション中

1プレを経て、ほんの少し地球慣れしてきた魂です。

この段階の魂は、地球のいろんなことを知るために、オリエンテーションのような意味合いで、いろいろな国に生まれてみたり、まったく異なる文化を感じてみたりとバラエティに富んでいます。

地球のベーシックを体験するといった魂の段階です。

3 ヤング　地球人のスターになる！

1プレと2ベビーの段階を一通り経て、地球に自信をつけてきた魂です。名声や莫大な経済力、またインフルエンサーといった、いわゆる地球上で注目を浴びる、目立つ体験を希望して来る魂が多い段階です。

そう聞くと、歌手や政治家が全員ヤングの段階にいるのか！　と思われるかもしれませんが、そうとは限りません。どの魂段階にも世界的に有名になる方々はいらっしゃいますが、ヤングの段階は何かと目立つことが多いのです。

地球で注目を浴びる経験を通過

世界的投資家、経営者、スターなどといった人たちを見ると、さぞかし魂のステージが高いのだろう、と思いがちですが、そうとも限りません。地球経験が板についてきたヤングの段階の魂の中には、地球で注目されたい！　という意思を持つ場合も多いようです。憧れの人を見て「自分にはとても真似できない」と思っているかもしれませんが、実は誰もがこうした段階を経ているのです。

4 マチュア　真新しい体験をしてみたい

3段階も地球ゲームを経験した魂さんたちは、結構いろいろやったな、次は何をしようかなと、ついつい真新しい体験や経験を選択したくなります。

この段階の説明は非常にデリケートで難しく、そして、一概にはいえませんが、地球では良くないとされていることを、ついつい選択しちゃったりもします。

例えば、法律的には？？？なことや、道徳的に？？？などということを体験しちゃったりもします。

ですが、これらも、地球でしか体験のできない貴重な経験のひとつなのです。くれぐれも、悪人や罪人が全員マチュア段階ということでは決してありませんので、誤解のないようにお願いします。

また、次の段階に行く魂さんたちは、この段階をみんな、経ています。

5 オールド　スピリチュアルに目覚め始める時期

オールドの段階にいる魂は、地球でのたくさんの経験を積み上げ、地球

魂の段階に飛び級はなし。
順番に進む

でいう〝スピリチュアル意識〟にだんだんと目覚める方が多いのが特徴です。目に見えない何かを感じられるようになり、地球や生きることに対して疑問を感じたり、そういったことを知りたいという意識が生まれる段階です。

例えば、占い師や宗教家などといった職業についている方は、オールドソウルが多いとされています。

ただ、スピリチュアルに目覚め始めたものの、まだ宇宙を地球の常識範囲内で感じている段階ですので、宇宙についての理解は、まだまだ地球の原理と、地球の言葉で解説されているもののほうが、しっくりくる人が多いでしょう。

また、オールドソウルのステージは、道具にとても興味があります。タロットカードや、水晶、波動機器など、本来目に見えないものを視覚で見るといった、地球にしか存在しない五感を通して感じることが大好きです。

その理由は、この段階の魂は、地球にしか存在しない五感のほうが、まだまだ理解がしやすいからです。


地球寄り、宇宙寄り？あなたの感覚はどのあたり？

あなたは、今地球にいながら、宇宙とのつながりをどれくらいの感覚で捉えているでしょうか？　Ｐ２４０の「スピリチュアル・リテラシー」で、あなたの地球と宇宙の割合を感じてみましょう。

6 マスター　宇宙とのつながりが確信になる

マスターソウルは、全人口の2%ほどといわれています。

なぜこれほど少ないのかというと、グランドサイクルの途中で地球に来ることをやめる魂が多かったり、なかなか地球行きに当選できないなどといった条件があるからです。

マスターソウルは、スピリチュアルを完全ではなくとも、存在を確信している魂です。まだ宇宙とのつながり方はわからなくても、何かしらを感じていたり、地球上での不思議体験をしている魂が多いです。

そしてマスターのステージが上がるに比例して、宇宙とのつながり方がわかるようになる実感が伴ってくるのがこの段階です。

特に後半の⑤⑥⑦のステージでは、自覚的・意識的に宇宙とつながる体験をする魂が多いことが特徴です。

特に⑦のステージでは、自分の魂の使命に沿って地球ゲームをプレイしたかを試される試験のような機会がありますので、宇宙とつながることは、この段階の最大の山場となります。

また、この山場があることでそれぞれの選択した使命の影響が色濃く出

マスターは使命をまっとうする生き方へ変容する

マスターになると、自分の使命に沿った生き方へと変容していくので、マスター同士に共通する生活感などはありません。例えば、「職人」なら愛の作品を生み出すために静かな場所にこもって没頭した生活をしているかもしれませんし、「パフォーマー」なら愛を表現するため世界中を飛び回っているかもしれません。いずれにせよ、使命をまっとうすることが最優先になっていきます。

て、いわゆる、地球上のライフスタイルという視点からは、共通点が少ないのも、特徴のひとつです。

7 インフィニット　マトリックスを脱出した強者たち

地球のマトリックスを抜け出し、4つの使命で地球メタバースをクリアした強者殿堂入り魂さんたちです。

ガンジー、キリスト、ブッダなどは、アセンションした人として知られていますよね。

インフィニットの段階に関しては、ネタバレが嫌な読者の皆様のためにも、また、地球のマトリックスを脱出するために必要な情報ではないので、これ以上の説明は省きますが、アセンションした魂さんたちは、今度は、地球の運営側に回っていることがあるのかもしれません。

同じ段階、同じステージの魂に会えたら、その出会いは奇跡

どれくらいの人がどのステージにいるかを計算する方法は、残念ながらありません。それぞれの魂が、それぞれのタイミングで地球に転生をしているので、自分の魂と同じ段階、同じステージにいる魂と地球上で出会うのは、かなりレアな確率となります。もし同じ段階、同じステージにいる魂と出会った時は、どうかその出会いをめちゃくちゃ大切にしてください。きっとわかり合えることや、教え合えることが多いことでしょう。

使命にひとつでも星が付いている人は、全人口の0・02％

7つのステージとは別に、**地球への転生に当選した魂は、みんな必ず7つの使命からひとつを選択し、この地球に降りてきます。**地球というメタバースを楽しむテーマは、それぞれが自ら選んでいるのです。

つまり、映画でいうと、アクションやラブコメディといった、自分の人生のテーマを自ら設定してきていて、人生とは、

原作：あなた
脚本：あなた
監督：あなた
プロデューサー：あなた
主演：あなた

の自作自演の映画そのものなのです。

ここまでくると、「使命」がかなり大きな役割を担っているということはご理解いただけているかと思います。

「愛」とは何か？

すべての使命は、その選択したテーマを通して愛に戻ることですが、「愛」とはなんでしょうか？　私は、愛を言葉で定義する必要はないと思っています。なぜなら、私たちは愛は何かを心で知っているからです。あなたにとっての愛の定義がよくわからなければ、「愛ってなんだろう？　これかな？　あれかな？」と愛について考える時間をぜひ持ってみてください。愛を気にかけ始めると、いつか「これだ！」という愛に出会えます。

よく、自分の使命は、「世界飢餓《きが》を救うことだ！」「大金持ちになって財団をつくり、人々を助けることだ！」のように、めちゃくちゃスケールの大きいことを使命だと感じている方が多いのですが、それらは使命ではなく、自分が選択してきた「体験・経験」といったほうが近いでしょう。

使命は、教えるのが得意じゃないのに教える機会が増えたり、勉強が好きじゃないのに学ばされる状況になるなど、自然と導かれていくことが多く、あまり明確ではなく、なんとなくこれかな？　と感じている場合がほとんどです。

ちなみに、使命にひとつでも星が付いている魂は、全人口の0・02％。これは、飛行機事故で死ぬ確率と同じだそうです。つまり、滅多にない、ということ。

2023年3月現在の地球世界人口は、およそ80億4500万人ですので、この0・02％とは約159万2000人しかいないのです。

自分の魂の使命に沿って生き、宇宙に置いてきた自分自身のパワーにアクセスすることへの難しさがわかりますね。

それだけこの地球マトリックスは巧妙につくられている、ということです。

星はもらわなくてもいい

最終試験に合格すると、その使命に星がもらえますが、もう1回同じ使命をやりたい！という場合は、「星はいりません」と断ってもオッケー。地球人は、試験というと合格しなければと思いがちですが、合格せずもう1回同じ使命を経験するのもまた楽しみなので、星はもらってももらわなくてもどっちでもいいのです。地球メタバースは、どこまでいっても魂の遊園地なのです。

すべての地球人が、7つの使命のどれかを選んで転生している

それでは、もう一度7つの使命の復習です。

サーバー（奴隷）
職人
戦士
パフォーマー（表現者）
学者
神父
キング（王様）

これを見ると、例えば、サーバーを選択したら、人に仕える仕事をずっとやるのかなとか、戦士を選んだら、戦争に行ったり、人と戦い続けたりしなければいけないのかなとか、王様を選んだら、どこかの国の王様にな

宇宙は「7」で分けられる？

なぜ、この7つが使命となるのか……と深い意味を考えそうになりますが、ただのゲーム設定です。なぜ7つかというよりも、「7つの視点から見る」ということが決まっているだけです。宇宙はいろいろなことが7で分けられています。7つの魂段階、7つの魂のステージの他にも、7つのチャクラ、7色の虹色など、7がベースになっています。

らなきゃいけないのかな、と思われるかもしれませんが、そうではありません。

これらは、職業と関係しているわけではありません。**魂の使命を地球で遂行《すいこう》するためには、使命の意味を宇宙的視点で理解する必要があります。**

宇宙的視点とは、物事の細部を捉えて理解する地球感覚とは違い、視点を大きく持ってその全体像を理解する、という表現が近いでしょう。

一点に集中している視点を大きく引いて視野を広くとる、「ズームアウトする」という感覚です。宇宙と地球の概念は真逆なのです。

それでは、それを踏まえて次に、魂のそれぞれの使命について詳しく見ていきましょう。

それぞれの使命は、地球解釈ではなく、宇宙視点でそれらの使命として生きることが、星が付くことへの近道となります。

陥りやすい誤解も、落とし穴としてあわせて説明をします。

苦手なことが使命の可能性大

苦手だったり、何度違う道をやろうと思っても強制的に戻されたりと、何かとインパクトの多いことが、使命のヒントとなる可能性大です。

7つの使命の特徴

サーバー（奴隷）

Server

ポイント ▼ Service（サービス）
他者からの要求をこなす。自分を蔑《ないがし》ろにして他者へ尽くす。

地球感覚 ▼ （上記）

宇宙視点 ▼ 愛の提供。愛を通して自他ともに接する。

落とし穴 ▼ Bondage（拘束）

【注意点】
他者の価値観や都合に合わせすぎて、自分を見失ってしまう「拘束」された状態になりがち。

職人

Artisan

ポイント ▼ Creation（創造）

地球感覚 ▼ 卓越した技術を持ち合わせている人。ものをつくり上げる人。

宇宙視点 ▼ 自分の魂から湧き起こる愛の創造。自分の魂への愛の結晶、プレゼント。愛が循環する作品。

落とし穴 ▼ Artifice（策略）

【注意点】
他者を欺《あざむ》くような策略的な目的として、創造力を使ってしまうこと。

戦士

Warrior

ポイント ▼ Persuasion（説得）

地球感覚 ▼ 武力を使って、敵を倒す人。自分とは違う価値観を持つ相手を攻撃。

宇宙視点 ▼ 愛をもって、魂同士の調和を生み、さらに大きな愛で包み込む。

落とし穴 ▼ Coercion（強制）

【注意点】
自分だけが正義と信じ込み、相手を力によって強制的に従わせたり、打ちのめしたりすること。

キング
（王様）

King

ポイント
Mastery（熟達）

地球感覚
王様、リーダー、暴君。

宇宙視点
愛をもって、統合。権力ではなく、愛をかざす。

落とし穴
Tyranny（横暴）

【注意点】
自分の権力を振りかざし、横暴な態度を取ること。裸の王様。

神父

Priest

ポイント
Compassion（慈悲）

地球感覚
教会などで、信者に人の道を説く人。

宇宙視点
愛をもって、愛を教える。慈悲をもって、無駄に説かず。

落とし穴
Zeal（熱意）

【注意点】
熱意のあまり、まだ教えを受ける準備ができていない状態の人にまで、無理矢理教えを説くこと。

学者

Scholar

ポイント
Knowledge（知識）

地球感覚
ひとつの分野において、専門的な知識を持っている人。
長時間かけて、対象分野を勉強・研究している人。

宇宙視点
自分の魂を探究。愛に学ぶ。愛を知る。

落とし穴
Theory（仮説）

【注意点】
学ぶ中で視野が狭くなって仮説でしかない個人的な論理に走ってしまったり、浅い知識でわかった気になってしまったりすること。

パフォーマー
（表現者）

Performer

ポイント
Expression（表現）

地球感覚
エンターティナーやアーティスト。人前での演出。

宇宙視点
魂から溢れ出る愛を表現する人。魂を震わせる。

落とし穴
Oration（演説・弁論）

【注意点】
他者を変えようと説得する目的で、表現力を使うこと。他者への一方的な押し付けになってしまうこと。

使命の最終試験に合格する秘訣とは？

これらの使命を読んで、いくつか被っているように思えた方は、地球の過去世において、それらの使命に星が付いている可能性があります。

星が付いている方は、その使命の生き方が、今世で比較的簡単にできてしまうので、それらを今の職業としているケースも少なくありません。

そして、肝心な試験合格のコツは、**選択した使命の立場で地球を体験し、宇宙思考を取り戻していくこと。地球にいながら宇宙に置いてきた自分のパワーを思い出し、そこにアクセスしながら地球をエンジョイすること。**

つまりは、**善悪や優劣などといったジャッジを一切なくし、愛溢れたエネルギーに戻る**ということなのです。

自分が今、どの魂の段階、どの魂のステージにいて、何度目のグランドサイクルで、どんな使命を選んだかを知る方法については148ページで説明をしますので、皆さんもぜひやってみてくださいね！

日常の中で、使命を宇宙的視点で活用するとは？

宇宙的視点で使命を生きることが大事とお伝えしましたが、どのように活用していけばいいか「学者」を使命に選んだ人を例にとって見ていきましょう。

「学者」の宇宙的視点は、自分の魂を探求し、愛を学ぶ、愛を知る、です。学びというと、つい自分が学んだ狭い世界がすべてと思いがちです。しかし、ここでいう学びとは、いろいろな学問を通してジャッジのない世界、つまり愛を学んでいくこと、また、自分へも他者へも愛を通して接していくことであり、愛に近づく素晴らしさを学ぶことが、最重要ポイントです。

秘密6設定

ストーリーの設定

・ストーリー（人生）はA面B面の2種類があり、一生涯で両面プレイする。

A面人生からB面人生への大転換は、必ず起こる

昔、カセットテープというものがあったのはご存知ですか？レコードの次くらい、CDやMDの前くらいにあった産物ですが、カセットテープには表と裏の2面があり、A面とB面と呼ばれていました。A面とB面には違う曲が収録されていて、反対の面の曲を聞きたい時は、ラジカセというものから、カセットテープを一度取り出して、別の面に反転させて、またラジカセに入れる必要があります。

それと同じように、この地球メタバースでの個々の人生にも、A面とB面があるのです。

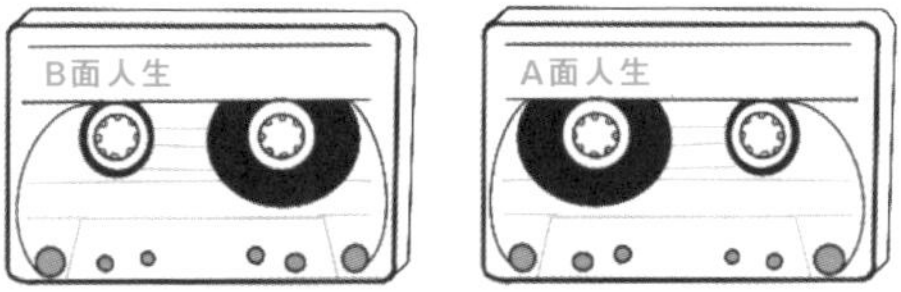

人生には必ずA面とB面の両面がある

A面とは、他人の価値観を生きる地球的な生き方。

私たち地球人は、幼少期に親や学校の先生などからたくさんのことを教わります。成長するにつれて、お友達や職場の人など、自分ではない他者の意見をベースに生きています。

B面とは、自分の価値観を生きる宇宙的な生き方。

B面になると、他者の意見でいっぱいになっている頭を断捨離して、自分の価値観を見つけることをベースに生きていきます。むしろ、それしかしたくなくなります。

A面人生を一通りやって、B面人生のタイミングが到来した時、反転の仕方がわからないと、人生に何かストップがかけられたような感覚に陥ることがあります。

何かしなきゃいけないのはわかるけど、何をどうしたらいいのかわからない、仕事も家庭も順調なのになぜか寂しいなど、迷子のような感覚になってしまうのです。

地球のルールを知らない人は、ここの切り替えのタイミングで、一体何

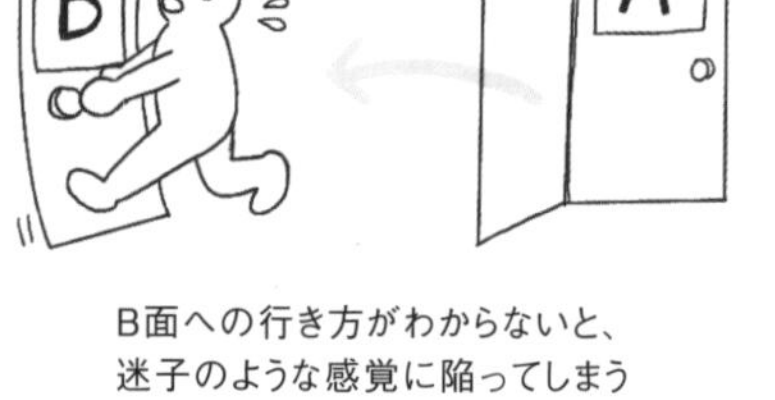

B面への行き方がわからないと、
迷子のような感覚に陥ってしまう

が起こっているんだろう、と悩むことが非常に多くなります。

「もうA面をやらなくてもいいよ～」というサインは、人間関係のトラブルや体調不良など、現実の問題としてあなたの前に現れ始めますが、それを無視していると、気づくまで、次から次へと問題が起こる仕組みになっています。

それでも気づけずにいると、しまいには、無視できないトラブルに見舞われ、一気に今までの自分の価値観を強制的に変えられるような事態を引き起こすことになります。

私は、これは一種の「魂の叫び」だと思っています。何度言っても無視ばかりで、全然聞いてもらえない魂は、もうプンプンです。

そうして、これまでの価値観を捨て、新しい自分発の価値観でB面がスタートすることになります。

なんかちょっと怖いですか？

体が教えてくれる転換期

魂が考えている以上にA面からB面人生の転換期の迷子状態が長期間に及ぶと、鬱っぽくなったり、病気がちになったり、虚しさが溢れてきて何かが違うという感覚になることが多いようです。原因不明で顔が真っ赤に腫れるなど無視できない状況が起こった時は、「自分と向き合いなさい」の強制リセット。このように体が教えてくれることもあります。

自分の価値観を知れば知るほど、B面人生に近づく

私たちは宇宙で高次元エネルギー体として、区別も差別もない愛溢れる光の世界にいたのですが、あえて真逆の、区別と差別などジャッジだらけの地球にわざわざたくさんのハードルを乗り越えてやってきます。

全知全能の高次元エネルギー体は、宇宙では自分単体のことを知る術がないので、自分のことを知りたくて知りたくて仕方がないのです。

私たちは、地球に不知不能の状態で生まれてきて、自分の全知全能のパワーを必死で取り戻すために試行錯誤しながら、いわば地球観光もしているような状態。

自分のことを知ることなくメタバースの地球体験を終了してしまうと、地球に来た一番の醍醐味をやらないまま、ゲームオーバーとなってしまうのです。

一番知っているようで、一番知らない自分のことを知るには、まずは自

地球メタバースをどうプレイするかは人それぞれ

この地球で「自分を知る」ということはなかなかの難問ですが、それが地球に来た醍醐味でもあるので、自分のことを知ることなく、地球体験を終了してしまうと、ゲームオーバーになった時、「しまった！　地球に呑まれて終わってしまった！」という感覚になります。それもこれもゲームなので、上手にプレイする人もいれば、試行錯誤する人、ドラゴンクエストのようなサブストーリーまで全部やってクリアする人など、プレイの仕方は人それぞれです。

分はどんな価値観を持っているのかを知る必要があります。

最初のA面人生では、まずは他人の価値観を与えられたり、学んだりと、自分の価値観を決めるためのストーリー展開となりますが、いつまで経っても他人の価値観を生きて自分の価値観を蔑ろにしていると、自分本来の目的から遠ざかってしまいます。

そして、**遠ざかりすぎてしまうと、本来の目的を思い出させるために、強制的に自分の価値観を見つめざるをえない状況にする**のです。

他人から植え付けられた価値観はいわば、無理矢理飼育されている「養殖的」価値観です。一方、自分発想の価値観は「天然」の価値観です。お魚などの味を想像するだけで、養殖と天然のどちらが美味しいかはもうおわかりですよね。

強制的に価値観を変えられる事態などと聞くと、事故や、解雇などといった怖いことが起こるのではと思う方もいるかもしれませんが、この本を読んでいるあなたは、メタバースである地球の設定や落とし穴を理解しているので、どう防げば良いのかがわかりますね。

ほぼA面で終わる人生も⁉

一生涯、A面とB面は必ず存在していますが、A面とB面の幅はイコールではありません。例えば、A面は120分だけどB面は5分みたいなことも。ただし、マスターソウルの段階くらいになると、しっかりB面があります。B面で使命を深く理解して生きる必要があるからです。

全知全能のパワーにアクセスできるB面人生

自分の魂に気づき、自分の価値観を見直し、不要な価値観や思考を捨て、本来の自分を取り戻すと、本来の自分が宇宙に置いてきた全知全能のパワーにアクセスすることができるようになります。このことを、人は「神が降りてきた」とか「悟り」と呼ぶことがあります。

そして、**今までの地球での自分の生き方は野蛮だったな、浅はかだったな、などと反省の気持ちが大きな原動力となり、どんどん愛に近づいていく人生が始まります。**

A面とB面どちらが良いのか、という地球的発想は不要です。結論は、本当に、どっちも素晴らしいのです。

いろいろな人の価値観を体験することも、自分の価値観を築き上げていくことも、どちらも楽しさや難しさが混在し、チャレンジ精神が鍛えられますよね。今あなたがA面人生の途中ならば、この後宇宙的感覚を楽しめるB面人生が待っています。さぁ、地球を二度楽しんでいきましょう！

B面人生が始まると友達がいなくなる!?

B面人生がスタートすると、悪口ばかり言う人、人のことを批判ばかりしている人、お金にばかり執着している人など、愛からとても遠いところにいる人が次々と消えていきます。地球人が気にしがちな友達の数が減ったと寂しく感じてしまうかもしれませんが、心配ご無用。あなたには、これからたくさんの愛溢れる新しいお友達がどんどん集まってきますよ。

秘密 7 設定

強制ゲームオーバーについて

・地球特有の低次元エネルギーの値が、ある一定数値より低くなると、地球は自然災害を起こし、すべての生物をリセットする。

今よりも文明が発達していた時代があった⁉

地球は、宇宙の中で、朝と夜があったり、四季があったり、山があったり、いろいろな色の海があったり、宇宙一美しい惑星ともいわれていますが、実は最も文明が低く、田舎の惑星です。

「え！　地球には宇宙旅行できるロケットだってあるし、高層ビルを建てる技術もあるし、インターネット・テクノロジーも発達してるよ。一番文明が進んでいるのは、やっぱり地球なんじゃないの⁉」

と、地球エネルギーに引っ張られているそこのあなた！　実は、この地

高次元の惑星って、何次元？

3次元の地球は、宇宙の中でとっても幼い惑星です。それなら、宇宙にある高次元の惑星とは、5次元、6次元……10次元？　と次元数を求めたくなりますね。でも、それは地球人がわかりやすいように次元の段階を数字で表しているだけで、実際は数字で表せるものではありません。宇宙の惑星の波動数は全部違いますし、低い、高いというのも地球の概念です。

球には、紀元前に今よりもっと文明が発達していた時代がありました。

私たちが現在住んでいる地球には、今でもたくさんの文明が眠っています。巨人がいた時代、恐竜がいた時代など、地球上で暮らしてきた生物はさまざまです。

地球は「とある条件」が重なると、洪水などの自然災害を起こすなどで、生物を一度全消滅させたりします。そして、新しい生物をつくり出すなどと設定を変えて、新しい地球をスタートさせるのです。

それは、結構雑につくられているので、地球の不思議建造物は今も次々と発見され続けています。

ちょっと知りたくないですか？

地球にリセットがかかる「とある条件」とは？

地球は低次元に設定されていると言いましたが、その値は、日々変動しています。その値を変えているのは、私たち地球人の総合エネルギーによるものです。

地球に隕石が衝突することは、周知の事実だった⁉

いつも地球の不思議で面白いことを教えてくれる、私の歴史の先生のような宇宙人が言うには、隕石がぶつかり絶滅したといわれる恐竜たちは、今の私たちが住む地球が必要とするエネルギーのために約6600万年前に存在していて、隕石がぶつかることは誰もが事前に知っていた上での出来事だったよう。こんなにも前から試行錯誤を繰り返して、この地球メタバースはつくられているそうです。

嫌悪、憎悪、復讐心、非難、刑罰、否定、執念といった波動が低い感情が、地球全体で肥大しすぎると、エネルギー値が、規定値よりも大幅に下がることとなります。

また、反対に、平和、統合、愛、慈悲、希望、喜びといった波動の高い感情が地球全体に拡大すると、エネルギー値が、規定値よりも大幅に上がることとなります。

エネルギー値が一定以上低くなると、自然災害などを利用して、その時点にある文明を一気に破壊します。いわゆるバッドエンド、強制終了です。

逆にエネルギー値が高くなる場合は、地球の次元は上昇し、高次元惑星へと進化していくので、強制終了などは起こりません。

ただ、地球の場合は低次元エネルギー装置が設置してあるので、一定数値以上は何をやっても上がらない仕組みになっています。

「そんなことある〜?」と思ったあなたのために、今もこの地球に残されている高度文明が終了した数々の痕跡《こんせき》を紹介します。

地球人の総合エネルギーで、
地球のエネルギー値は変化する

高度文明リセットの痕跡

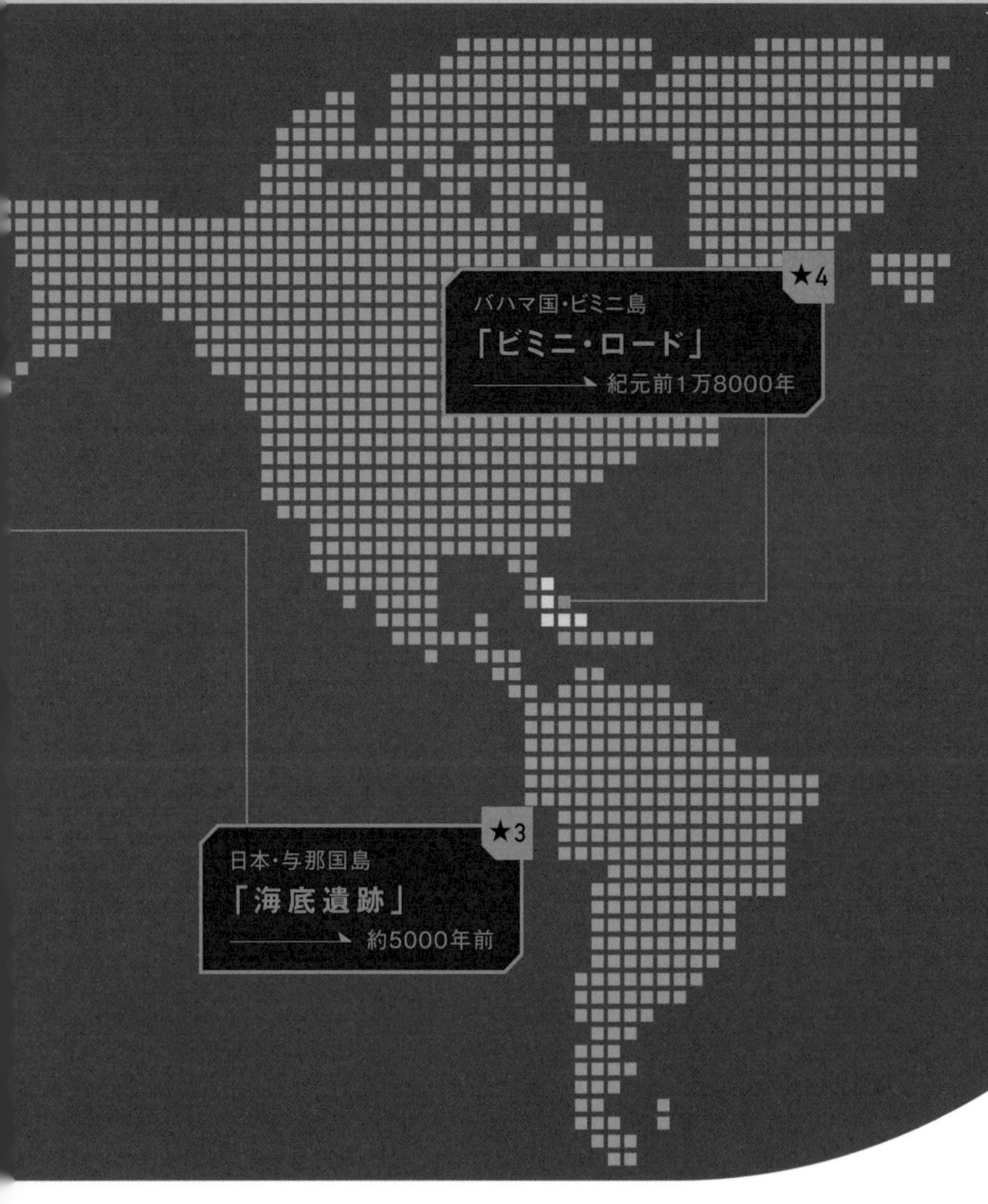

★1 ジガンティーア

人工的につくられた巨大石建築物。ひとつ最大50トンの石が使われるなど、高い石工技術と建築技術が用いられており、同様の建物が19個現存しています。どの建物も、72年ごとに位置が変わる惑星シリウスに正確に向けられていて、現在からは想像もできない高い天体観測技術を兼ね備えていたことがわかります。

★2 アールダラム洞窟

洞窟から歯の化石が発見され、約1万1600年前の人の歯であることが判明。公式に発表されているマルタ島の歴史では、約7900年前にシシリアから移動してきたとされているので、それよりもはるか以前に人が住んでいたことになります。

★3 海底遺跡

日本でも、海底からピラミッドによく似た一枚岩を使用した巨大建造物が発見されています。都市を形成したように見える城や門、5つの寺院、道などが明らかになっていて、研究者によると、約5000年前に存在した都市という説も上がっています。

★4 ビミニ・ロード

バハマ沖の海中で発見された、巨大な石でつくられた石畳の道のようなもの。1513年に描かれた現存する最古の地図のひとつ、Piri Reis map（ピーリー・レイースの地図）には、氷河期時代には広大な島であったバハマと、ビミニ・ロードと思われるイラストが描かれています。地図には、作者の直筆で、20種類の古い地図から情報を写したと、はっきりと書かれており、現在よりも海面が低かった氷河期時代のものと推測されています。アトランティスの一部ではないかと考える人も多いようです。

★5 ギョベクリ・テペ

石でつくられた巨大な建造物。土の中から突き出している建造物を、そのエリアを調査していた考古学者が偶然発見。これはエジプトのギザのピラミッドよりも、イギリスのストーンヘンジよりも、約7000年も古いことになります。

今ある文明が唯一の文明ではない証拠がぞくぞく！

現在の歴史では、約6000年前から8000年前にメソポタミア文明が誕生し、シュメール人が人類最初の文明をつくったとされていますが、これらの痕跡はそれよりも随分以前に、高度な建築知識と技術が存在していたことを物語っています。

今ある文明が唯一である、と私たちは思わされていますが、実は現在世界最古の文明と考えられているメソポタミア文明以前にも、別の文明があった痕跡は、このように世界各国に残されているのです。

現在世界最古と考えられているメソポタミア文明も、シュメール人がどこから来たのかは、まだ解明されていません。

突如として現れた文明に見えるため、メソポタミア文明は宇宙人の叡智を利用して生まれたという説も、研究者の中では根強く存在しています。

シリウスから来た生物が、地球上にも存在⁉

ハワイの海は、惑星シリウスへのポータル（入口）といわれています。シリウスは地球から見える一番明るい星で、水と愛の惑星です。ハワイの海に見られるイルカや鯨は、シリウスから来た生き物といわれています。

高度な文明で栄えたアトランティスは大洪水で崩壊した⁉

また、大規模リセットの例としては、大洪水の伝説が、今も場所を問わず多くの地域で伝えられています。

大洪水などの大変動の後、外から異国のヒーローがボートに乗ってやってきて、文明を教え、石工の技術を教え、農業、天体の知識を与える、という伝説神話が、地球上の至るところで語り継がれているのです。

哲学者プラトンは、自身の祖先であるソロンから伝え聞いたアトランティスの記録を鮮明に残しています。

それによると、アトランティスは文明が栄えた巨大な島であり、近海から遠洋までの豊富な海洋知識と技術を持っていましたが、大規模な地震と洪水で崩壊したと伝えています。

この祖先であるソロンは紀元前600年にエジプトを訪れていて、そこで出会った僧侶から「9000年前にアトランティスが洪水で沈んだ」と

同じシンボルマークが使われているのは偶然⁉

eyes of horus

マルタ島の漁師さんたちは、それぞれの漁船に必ず「Eyes of Horse＝馬の目」と呼ばれるシンボルをつけ、お守り代わりにしていますが、このシンボルマークは、古代エジプト象形文字のひとつ、ヒエログリフが表す「Eyes of Horus」（ホルスの目）と同じで、役割も同じです。そして、この2つの土地には、大洪水の後、異国のヒーローが技術、知識を教えたという伝説神話があるそうです。不思議ですね！

語られた、と伝えています（つまり、今から約1万1600年前くらい前に、アトランティスが沈んだということ）。

そして、紀元前9600年は、各地で大規模変動があった時期と一致します。

あなたの知っている歴史は、本当に真実と言い切れるのかどうか……。

紹介したこれらの建造物は、約1万年～数千年経ったとはいえ、意外と簡単に発見される程度の埋められ方です。そう、結構雑に埋められています。

これらは、**地球が一旦ゲームをリセットしたことによって残された、過去の文明の一部**なのです。

伝説や神話は、実は本当の歴史であることが多いって、ますますメタバース感が真実味を帯びてきた感じがしませんか？

巨人伝説はメキシコにもあった！

ピラミッドというと、エジプトをイメージするかもしれませんが、メキシコにも「チョルーラの大ピラミッド（正式名称は、ラチウアルテペトル）」という建造物があります。このチョルーラの大ピラミッドは、紀元前約300年以前から建設が始まったとされ、マルタ島の寺院ジガンティーアとともに、その昔、巨人が巨大建造物の建設を助けたという話が古くから伝えられています。

特別枠 ライトワーカーのルール

・地球のエネルギー値を正常値に戻す役割を担う。
・一般抽選でなく、特別枠で地球に来ることができる。
・地球の研究員、バグ修正員の役割があるものの、地球人と同じルールで生きる。

地球に派遣されている「ライトワーカー」

ここまで、地球にしかけられているマトリックスから抜け、仮想世界にいる夢から目覚めるために、最低限必要な知識についてお話ししてきましたが、ここからは特別枠について説明します。

特別枠とは、ある特定の地球人にのみ当てはまる条件。

ある特定の地球人とは、地球のバランスを取るために派遣されている宇宙人のことで、その方たちを別名、「ライトワーカー」と呼びます。

日本人特有のYAP遺伝子とは

日本人はYAP遺伝子を持っています。YAP遺伝子とは、世界中を見ても、ごく一部の地域にしか持つ人がいない特殊な遺伝子。縄文人から受け継がれているともいわれていて、YAP遺伝子は、想像したものをすぐに現実化できる能力を持っています。そのため、その力を恐れられた日本人は、他の国からマインドコントロールをされていて、その能力が発揮できなくなっています。

次の項目で詳しくお話ししますが、**ライトワーカーたちは、地球をつくった張本人たちです。そのため、自分がつくった地球を実際に見たい、感じたい、体験したいため、いわばシード権のような形で地球に来ること が可能**です。

でも、高次元エネルギー体として来るのではなく、プレイヤー同様、同じ地球人として同じルールで地球に来るので、宇宙での記憶はありません。

それでも、地球ゲームにバグなどがないかを体験するため、そして、愛や慈悲を多く持って地球に来ています。

また、必要以上に地球のエネルギー値が低くなった時は、一斉に笑うなどといった行為を通して、地球のエネルギー値を正常値に戻す役割を、無意識にしています。

そのライトワーカーたちは、実は日本人と深い関係があります。

次に、ライトワーカーたちについて詳しく見ていきましょう。

地球人の肉体を設計したのはプレアデス星人！

宇宙が地球というメタバース惑星をつくった際に、地球人を設計したのはプレアデス星人です。プレアデス星人は、体の免疫や、細胞システムにとても詳しい宇宙人たちで、プレアデスに転生がある人々の中には、お医者さんや整体師、セラピストなど、肉体に関係する職業についている方々が多いようです。

レムリアは宇宙人のステーションだった!?

ライトワーカーについて知るために、レムリアの話から始めましょう。

レムリアとはかつて存在したとされる大陸で、アトランティスやムー大陸同様、失われた大陸として知られています。地上の楽園といわれたレムリアは、今よりも高度な技術を持つ、愛と調和の文明を持つ大陸でした。

場所はインド洋にあったとか、ムー大陸と同じ場所にあったなど、いろいろと推測されていて、津波で崩壊した、火山が爆発して地震で海底に沈んだなど、消滅の理由も諸説ありますが、なんの物的証拠も見つかっていません。

私が今住んでいるハワイでは、多くの人が神話や伝説を重んじていて、ハワイ大学では、今から約7万年前に巨大地震で海に沈んだとされるレムリア文明の研究をしているそうです。

私が覚えているレムリア、またレムリアに滞在したことのある宇宙人と

レムリアが謎めいているわけ

レムリアについては、いろいろな説がありますが、なんの証拠も見つかっていないので、いろいろな仮説が存在しています。いろんなレムリアがあるわけではないのですが、本書でお伝えしたレムリアのような地球管理のための宇宙ステーションは、過去にいくつも地球につくられています。レムリアに限らず、地球でひとつの事柄において複数の説が乱立しているものは、宇宙由来の背景が隠されていることが多いものです。

話した会話の中では、レムリアは、地球という惑星をつくる際に、人間や生物、植物をつくったりするためのいわば、宇宙人のステーション（日本にある米軍基地のようなもの）としてつくられたもので、宇宙人が地球で宇宙人のまま過ごしていた場所でした。

レムリアは50万年ほど前に存在していたと言われていますが、地球メタバースをアップデート、または再構築をする際のベース基地のような機能をしていました。

悲劇によって崩壊したというよりは、役割の終了と共に撤退、というイメージが近いです。

日本人はレムリアの血を引いている

レムリアには、地球の研究員、バグ修正員として、プレアデスという惑星やシリウスという惑星、アークトゥルスという惑星などから多くの有志が地球に送られてきました。

その後、宇宙に戻った後も地球の発展に携わりたいと願い、宇宙人が地

基地レムリアに集まった宇宙人たち

宇宙ステーションであるレムリアには、いろいろな惑星（プレアデス、シリウス、アークトゥルス、サナンダ、オリオンなど）から、それぞれの得意分野を持った宇宙人たちが集まっていました。時間軸は定かではありませんが、短期的に関わる人、最初から最後まで関わった人などさまざまです。

球に人間として生まれることを希望し、試行錯誤しながらも、自分の記憶を思い出し、地球の発展へと携わっています。

ライトワーカーは、何度も地球惑星をつくり失敗した経験から得た知恵を持って、人間として地球に送り込まれているのです。

人間として宇宙人を送り込むことで、人間からの疑いを最小限に抑えながら地球を発展させるという作戦が、今かなり成功しています。

そして、**多くのレムリア人は日本人として生まれています。**

日本人は小柄で、宇宙人に最も近い姿形をしているのではないか、という説もあったり、神社や神話も数多く存在するなど「宇宙に一番近い存在」ともいわれていますが、私たち日本人は、大昔から宇宙と深いつながりを持つ特殊な地球人だったのです。

レムリアの血を引く「特別な存在として転生すること」を選んだ高次元エネルギー体が、日本人として生まれてくることも多いのです。

巨人と人間が共存していた時代もあった⁉

地球は、巨人と人間が共存した時代や、人類以外の生命体が存在した時代など、試行錯誤を繰り返してきました。その経験を踏まえて、今はライトワーカーを宇宙人ではなく人間として、地球に派遣することを試みています。←イマココ

当たり前に超能力を使っている日本人

私たちは普段、飲み会の席でさえ、「空気読んでよ」と言ったり、言われたりしていますが、よく考えてみてほしいのです。

「空気を読む」というのは、つまりは「波動」を読むということです。相手が言葉にもしていない、頭の中で考えていることを察して、その望み通りに先回りして行動する、ということです。まさにテレパシーそのものです。

私が長年海外に住んでわかったことは、〝空気を読む〟ということは、決して誰にでもできることではないということです。日本で育った外国人であっても、この〝空気を読む〟というのは難しい、できないと口を揃えます。

〝空気を読む〟ということは、「波動を理解し、他者の心を読む」ということで、いわば、透視・テレパシーといった特別な能力です。

私たち日本人は、当たり前に誰でもできることとして共通認識している

苦悩を感じると発動するDNA943

宇宙人に教えてもらったのですが、実は日本人にしかないDNAがあるそうです。それは、DNA943（「くるしみ」と読める）という数字の通り、苦しみや苦悩を感じると発動するもの。発動するとどうなるかというと、普通の人間がスーパーサイヤ人のように、ものすごい力を発揮し始めます。つまり、どちらに転んでも、多くの日本人に怖いものはないのです。

ので、ごくごく「普通のこと」と思っていますが、他の文化を持つ地球人から見ると、決して当たり前のことではないのです。

海外での長年に及ぶ寮生活の中で、さまざまな国から来た同級生たちと過ごしましたが、言われてもいないことを察知する、ましてやそれを先回りして行動に移すなどは、日本人以外で見たことがありません。

つまり、**日本人以外からすると、「空気を読む」という行為は超能力そのものなのです。**

日本人の多くがこうした超能力ともいえるテレパシーを使えるのは、かつてレムリア人であったことが大きく影響していたのです。

日本はレムリア大陸の一部だった

日本人の多くがレムリアの血を引いていた、という事実だけでも驚きかもしれませんが、実は、日本の今の国土自体もレムリア大陸の一部だったといわれています。

日本とハワイははるか昔、陸続きで、海に沈んでしまったなどとされて

日本人のパワーは制限させられている

日本人は本当にすごいパワーを持っているので、あらゆる面で制限をうけています。日本人が覚醒すると地球マトリックスのからくりがバレてしまい、地球メタバースとして機能しなくなるからです。地球は地球で、そう簡単にクリアさせない！　と、あの手この手でいろいろしかけているんです。皆さん、そんなに落とし穴に落ちている場合じゃないですよ。「日本人力」を取り戻せ！

いるレムリア山脈の山頂の一部が今のハワイであり、レムリア山脈の谷の部分の一部が現在の日本であるとされているのです。

日本人の多くがハワイに魅力を感じるのも、ハワイ人が日本に魅力を感じるのも、レムリアのエネルギーが関係しているのかもしれませんね。

一人の「喜び」は、75万人分の「怒り」のエネルギーと同じ

日本人の多くが、地球の発展に携わる研究員として地球に送られているように、いろいろな宇宙人が地球をサポートしながら、地球メタバースに関わっていることを理解していただけたでしょうか?

なかでも、人間の感情は地球のエネルギー値に多大な影響を及ぼし、エネルギー値が低くなると強制終了がかかってしまうので、地球人一人ひとりが、地球のエネルギー値を司る重要な役割を背負っているのです。

この地球のエネルギーは、カウンターバランスというものがあり、反対同士のエネルギーがお互いに作用し合っていて、バランスの釣り合いが随時はかられています。

そして、波動が高い感情は、低い感情よりも大きいパワーを持ちます。

ディズニー映画「モンスターズ・インク」では、「脅し」のパワーよりも「笑い」のパワーのほうがその何倍も大きいエネルギーであることが、とても良く描写されています。

例えば、一人の「喜び」という感情は、75万人分の「怒り」と同等レベルのエネルギーであり、一人の「愛をもっての統合」は、1000万人分の「恐怖」と同等レベルのエネルギーなのです。

つまり、ここからわかることは、**他者のことを考えるよりも、自分の意識を高める行動を取るほうが、この地球に貢献でき、結果として多くの命を救うことになる**のです。

「え！　自分のことを大切にして、地球にも貢献できて、世界も救えるなんて、なんだか私スーパーヒーローみたい！」

はい。その通りです。

あなたは、れっきとした地球のスーパーヒーローだったのです。だって今、地球に強制終了はかかっていないですもんね！

喜びを増幅するコツは、「足りている」ことに着目！

半分の水が入ったグラスを見て、「もう半分しかない」と捉える場合と、「まだ半分ある」と捉える場合がありますね。お金も、パートナーも、人間関係も、足りないと思えば足りない現実となりますが、こんなにもあると思えばそれもまた現実になります。今足りていないものよりも、足りているものに満足し、感謝をすることに着目してみると、今とは違う現実が見えてきて、「喜び」のエネルギーに満ちてきます。

地球は6732年に「地球3・0」になる!?

地球のマトリックスから脱出するというのは、一人ひとりの魂が「愛に戻っていく」ということです。

「愛」と聞くと、まだまだそんなくさい台詞は……、みたいに思ってしまうかもしれません。

でも、**自分に矢印を向けるということは、自分を深く理解することであり、その自己理解が地球への貢献になっていく**のです。

ちなみに地球は、6732年に新たな進化した惑星として生まれ変わります。

その頃は、地球人の誰もが、メタバースである地球に参加していることを知っているので、自然災害などで惑星がなくなるというのではなく、新しい惑星としてバージョンアップします。

ゲーム終了時、死生観は180度変わる

6732年頃までには、誰もが、地球はゲーム設定された惑星だったことに気づいていますので、地球が生まれ変わるといっても、このゲームは終了する（肉体から卒業する）といった感じです。つまり、全員がゲームクリアしたという状態。地球が終わって悲壮感というよりも、「やり切った！　楽しかった！　ありがとう！　次のゲームも楽しみ！」といった感覚です。

電通に勤めている頃に聞いた、同期の女性のおばあ様の話です。彼女のおばあ様は、40歳の時に急に異次元的存在が降りてきて、ある声が聞こえるようになったそうです。以来、特に夢の中で宇宙のいろいろなことを、毎晩教えてもらう日が続き、おばあ様のご自宅には高野山や比叡山などのお坊さんや、宗教家さん、ご近所さんまでもがお話を聞きに訪れ、その同期の彼女も小さい頃から宇宙の話、素粒子の話、神様の話などをたくさん聞いて育ったそうです。

電通時代の休憩中に、６７３２年に地球がなくなる（３・０ver化する）話を、彼女にしたところ、彼女はとても驚いて「どうしてそれを知っているの⁉」と叫びました。実は、彼女はおばあ様から「地球はあと４０００年とちょっとでなくなるよ」「地獄はないよ」などと教わっていたそうです。

このように、**宇宙につながっていると、共通の情報をダウンロードすることが可能です。**あなたも地球に来る前、絶対に記憶を取り戻して宇宙とつながるぞーとワクワクしながら心躍らせていたんです♪

思い出してきましたか？

あなたの魂の段階とステージ、グランドサイクル、使命は何？

ここまで、地球メタバースにしかけられた設定を頑張って読んでいただいたあなた。さっそく、自分の魂の段階とそのステージ、グランドサイクル、使命を感じてみましょう。

その方法は、**直感を採用する**ことです。

多くのスピリチュアル本ではワークなどが主流ですが、私はワーク反対派です。なぜなら、私が宿題が嫌いだからです（笑）。また、やり方は人それぞれなので、著者と同じ方法が通用するとは限らないからです。

よく深呼吸が大切だとか、メディテーションをするといいとか、特定の方法を推奨されることがありますが、自分がそれをしたくないな、と感じている場合は、逆効果となってしまいます。

実際の私のワークショップでも、一人ひとりに有効なやり方をその人に

奇跡が起きる人と、起きない人の違い

奇跡は至るところに転がっています。なかなか起きないと思えばその通りになるし、毎日奇跡は起こると思えばその通りになる。本当にただそれだけなのです。

付いている宇宙人から直接教えてもらい、それをお伝えしていますが、やり方は千差万別で、私は毎回種類の多さとユニークさに感銘を受けています。

すべての答えは、自分の中にあります。そう、あなたはもう知っているのです。自分は一体どういったコミュニケーションで異次元的存在とつながっているのか、感じてみてください。

2秒以内で来る感覚に集中!

それでは、少し一緒に練習してみましょう。

まずは、**自分が知りたいことを明確にし、「知る」と意図します**。

例えば「私の魂の段階とステージを、私は知る!」と意図したら、もう直感で何かを感じ始めているはずです。

ふと頭に特定の数字がよぎったり、104ページの表を眺めるとひとつ

宇宙人のやり方は奇想天外!

願望実現のためのワークはたくさんありますが、それ自体が限られた経験、発想、視点の中から生まれてくるやり方であり、多くは局地的、限定的なものです。なぜなら、過去の経験や今の自分の知識が自分の視点を制限しているため、部分的にしか見えていないからです。宇宙ではそういった制限がないため、宇宙人は奇想天外とも思えるようなびっくりする方法であなたの夢を叶えてくれます。やり方はあなたに付いている宇宙人さんにお任せしたほうが早くて確実です!

の数字が他の数字よりも濃いように見えたり、立体的に見えたり、光って見えたり、誰かに何か囁《ささや》かれたり。

こういった感覚で、答えは必ず2秒以内にやってきます。

わからないと感じてしまった場合は、自分の答えに自信がない、もしくは、緊張して脳が過度に動いてしまっているかもしれませんので、お風呂に入っている時や、寝る前、または起きた直後など、リラックスしている状態で、再度チャレンジしてみてください。

本来のあなたや宇宙人が、あなたの問いを無視することは絶対にありません。瞬時に感じることができなかったとしても、例えば、数日後に思いがけない形で答えをくれることもあるので、諦めないでくださいね。

練習を続けると、この数字ばかり浮かぶ！　この言葉しか浮かばない！といった、根拠のない確信がどんどんと持てるようになっていきます。

コツは、なるべく脳で考えないこと。腹で感じるイメージです。

私たちは、今低次元の肉体の中にいますから、高次元をわかりやすく感

思考か、宇宙からのサインかわからない時は？

浮かんできたものが自分の思考からきたものか、宇宙からのサインかわからないと感じている人は、コインを使って答えを確かめる方法もあります。コインの表が出たらA、裏が出たらBというふうに答えを決めてコインを投げてみます。出たほうの答えに対して、自分が「やっぱりね！」と思うか、がっかりするかで、自分が本当はどっちを求めていたかがわかることもありますよ。

じることは非常に難しいものです。

しかし、**この肉体の最高なところは、何事も練習を重ねれば、どんどん上手になることが可能だということ**です。

一度や二度チャレンジして自分の答えに確証が持てなくても、落ち込まずにGO GO!!

自分から湧き出た感覚に自信を持つためのレッスン法

小さなことを「意図して叶える」練習をしてみましょう。例えば、「今日は虹を見る!」と決めて、空の虹に限らず、虹のモチーフやイラストなどを探したり、小さな雲を見つけたら「この雲を移動させてみる」と意図したりするなど、自分の意図によって現実が変わる練習を続けていくと、自分の意図が現実をつくることを実感できるようになります。

もう未来を待つ必要はありません。
今未来には、まだ何もないのです。
あなたが決めた時、初めて未来はつくられます。

さぁ、望み通りに人生をつくっていきましょう！

第3部

すべての願いを叶える地球攻略法

地球メタバースを楽しむ願望実現の方法とは？

ここまで読み進めていただき、あなたという存在が何者で、なぜ地球に来たのか、そして、地球に来る前はどこにいたのかなどを、少しずつ感覚として思い出してきたでしょうか？

今まで、自分自身にパワーがないと思っていたのは、深い眠りの中で、地球というメタバース惑星がしかけたマトリックスからの抜け方がわからず、もがいていただけのこと。

でも、「地球メタバース参加同意書」の暴露で、「本当に仮想世界にいるんだ！」と感覚的にわかってきた方もいるのではないでしょうか？

ここからは、私の経験とともに、地球にいながら宇宙のパワーにアクセスして、望んだものはなんでも叶う状態を手に入れる方法をお伝えします。

ご縁はすべて、宇宙人からつながる

私のセッションは一切宣伝をしていません。それどころか、むしろバレないように隠れまくっているのに、なぜ私を見つけてくださるのか。それは不思議と毎回同じで、まず、人生の転換期にいて転換の仕方がわからず行き詰まっている方の宇宙人さんが私のところに遊びに来てくれます。そして、知り合いや私の本業のビジネスなどを通して必ずご縁がつながります。

そもそも4000億分の1の倍率を勝ち抜いて地球に来ることができたのですから、できないことがあるわけがありません！

また、せっかく肉体を持ってこの地球に来たのですから、地球ならではの体験も、地球からアクセスする宇宙も両方楽しめるよう、地球と宇宙のバランスを取ることも大切です。

あなたのバランスの現状を知る指標として、240ページに「スピリチュアル・リテラシー」を掲載しましたので、参考にしてください。

この章でお伝えする攻略法は、**地球と宇宙のバランスを取りながら、A面からB面の人生へと、自然と転換できるようになる**ものです。あまり頭で難しく考えこまずに楽しみながら実践していきましょう。

望みを叶えながら地球メタバースを存分に楽しむための攻略法の全容は、次のページの通りです。

内面が変わると別人になる！

「ビューティーセッション」。私のセッションは、クライアントさんたちに、そう呼ばれているそうです（笑）。それもそのはず、1回目のセッションを終えて、2回目のセッションの待ち合わせの時、私はいつもクライアントさんを探してしまいます。その理由は、クライアントさんが男女問わず、みんなびっくりするほど、どんどんと美しくなれるから。やはり内面が外見に出るというのは本当のようです！

地球メタバースを楽しむ完全攻略法

地球のしかけたマトリックスを脱出し、すべての望みを叶えるための攻略法です。攻略法1～9の順番で読み進めてください。

攻略法 1

宇宙人と仲良くなる

宇宙のパワーにアクセスして、願望実現をするための最大の協力者。全知全能の存在をニートにしては、もったいない！

攻略法 2

高次元の感覚をつかむ

「なんとなく」といった微細な感覚を意識するようになると、宇宙人の存在を感じられるようになります。

攻略法 3

自分の価値観を見直す

自分が本当に望んでいるものは何かを知る前に、いかに他人の価値観を採用して生きてきたか、自分の現状に気づきましょう。

衣替えへの嫌気がきっかけで、ハワイに移住

私は今ハワイに住んでいます。きっかけはというと、衣替えに嫌気がさしたことです。私は東北で生まれ、スイスで育ち、極寒三昧。そこで近年一番の問題は、私と3人の娘の衣替えでした。4人の衣替えをするという行為は、まぁ壮大です(笑)。そんなある日、私は宇宙人に「衣替えもうしたくない！」と強くオーダーしちゃったのです。そうしたら、翌日、ハワイでのビジネスのお話を頂戴したのです。ハワイは四季がありませんもんね！

攻略法4

願望を決めて、自分の願いを正確に把握する

本当に心から望んでいるものを決め、抽象的なイメージから具体的なイメージへと正確に認識しましょう。

攻略法5

願いが叶わない正体を知る

願いが叶うことを邪魔する「葛藤《かっとう》」があることを知りましょう。

攻略法6

自分の葛藤に気づき、その葛藤を外す

自分が持っている葛藤に気づき、それを外します。これは、願いを叶えるための大きな一歩です。

攻略法7

言葉・感情・思考を一致させる

宇宙のパワーにアクセスする3つの鍵への理解を深めましょう。

攻略法8

宇宙人に正確にオーダーする

あなたの願いが正確に伝わるオーダーの仕方を知りましょう。

攻略法9

未来を決めて、パラレルを高速移動する

願ったことが現実になると信じて、あとは宇宙人にお任せするだけ。

問題を解決しなくていい理由

問題解決というと、目の前で起きている問題をなんとかしようと解決に取り組みがちですが、その必要はまったくありません。嫌な問題が起こったらパラレルを移動することで、目の前の問題は勝手に消滅するからです。目の前の問題に対応しようとすればするほど、その問題の波動と共鳴してしまうので、問題は変わりません。

攻略法 1

宇宙人と仲良くなる

地球にいながら宇宙のパワーにアクセスして、望んだものはなんでも叶う状態を手に入れるためにぜひ活用してほしいのが、宇宙人たちの存在です。

ディズニー映画の「アラジン」に登場する、見るからに宇宙人っぽいランプの妖精「ジーニー」は、アラジンの3つの願いを叶えてくれました。

実は、**私たちのすぐそばにもジーニー的宇宙人が存在していて、しかも複数名！　そして、願い事は3つどころか、無限に叶えてくれる**のです。

これ、マジです！

実感があってもなくても、私たちは、たくさんの宇宙人（神、天使、龍、守護霊など、異次元的存在のすべて）に支えてもらいながら、今この瞬間を生きています。

宇宙人って、本当にいるの？と疑う人の現実

「宇宙人と自分はコミュニケーションを取る！」と意図していなければ宇宙人との会話は不可能です。宇宙人は宇宙の掟通りに動いていて、あなたの許可なく、勝手な行動はできないからです。なので、宇宙人なんかいないと思えば、宇宙人は消えるし、いると思えば現れます。

イメージしやすくなるように、ここで私の体験をご紹介しましょう。

子どもの頃から一緒にいる、私の宇宙人

私が小学校低学年だった頃のある夜中、私は母の血飛沫《ちしぶき》で目を覚ましました。

最高にファンキーで優しい父が、お酒に呑《の》まれてしまい母を殴っている光景を見て、どうしていいかがわからず、立ち尽くす暇もなく激しい不調に見舞われトイレに駆け込みました。

早く母を助けに行きたいのに、緊張でお腹は痛い。

「どうしたらいいの⁉　ママが死んじゃう！　誰か助けて――――！」

と思った瞬間、一人の男の子が私の目の前に現れてこう言いました。

「僕のこと、見える？　なら、もう大丈夫。ママは死んだりなんかしない。これから僕の言う通りにして」

宇宙人からのメッセージの受け取り方

エンジェルナンバーや、本、雑誌などに、意識を向けることで、必要なメッセージを受け取ることができます。また、他人の言葉を通してメッセージを受け取る場合もあります。その人は、しばらくすると「え、そんなこと言ったっけ？」と忘れている場合が多いようです。自分が知らなかったはずの情報が、急に降りてきた、降ってきた、というような感覚は、ダイレクトな宇宙人からのメッセージなので、そのまま受け取りましょう。

「はっ？　何言ってるの？　っていうか、誰？」

そんな気持ちがよぎったものの、私はその男の子が宇宙人だということを知っていたので、その子の言う通りにしたのです。

部屋へ戻ると父と母は止まっていました。まるで一時停止ボタンが押されたかのように、父は拳《こぶし》を振り上げていて、母の髪をつかんでいました。小さかった私には、次の父の一撃で母は死んじゃうかもしれない、と思えるような光景でした。

でも、2人は時間が止まったかのように静止していました。そこからのことは覚えていません。

起きたら、何事もなかったかのようないつもの朝でした。

部屋はぐちゃぐちゃになっていたはずなのに綺麗に片付けられていて、私は何がなんだかよくわかりませんでした。

そして、いつも通りに支度をして、学校へ行きました。

その日は、忘れもしない、体育館で全校集会がある水曜日。全校生徒で

惑わすサインは自分の思考

宇宙人にオーダーしたら、必ず答えはきます。きていないと感じる時は、受け取り方を見直してみることが大切です。今まで気にしていなかったことに、あえて意識を向けてみてください。「あー！　これか！」という宇宙人からのサインがだんだんとわかってくるようになります。宇宙人は「こっちを選ぶとこうなって、ああなっちゃうかな～？」など、惑わすようなサインは出しません。それは、宇宙人のサインではなく、自分の思考です。

合唱をしたのですが、歌っている最中に、さっき起こった出来事を思い出していたので、その歌が大嫌いになりました。

その後、その歌を練習しなければいけなくなるたびに、あの出来事を思い出すので、とても憂鬱《ゆううつ》だったことを今でも覚えています。

そんなある日、あの男の子がまた現れて、こう言いました。

「この曲を歌いたくないなら、もう二度と歌うことがないように、って意図してパラレル移動して。そうしたら、もう聞くこともなくなるから」

〝意図〟とか〝パラレル〟という言葉は小学生だった私には難しかったのですが、なぜか「宇宙の時と同じように？」という言葉が出てきて、その子は「そうだよ」って答えました。

「もうこの歌は聞きたくないし、歌いたくない」

そう決めてから今日まで、その歌を聞くことも、歌うことも、二度とありませんでした。その歌がなんだったのか、今でも思い出すことができません。歌詞に「空」という言葉だけが入っていたことだけは、覚えています。

その子の名前は「ポロル」。

宇宙人は名前も性別も年齢もないので、私が感じ取った音のことです。

今でもいろんなお話をしていて、これまでの私をずっと支えてきてくれている宇宙人の一人です。

あなたを支える宇宙人は、ソウルファミリー

私たちの周りには、映画「ミニオンズ」のように、たくさんの宇宙人が存在しています。

しかも、**この宇宙人たちは、私たちが高次元エネルギー体だった頃、「ソウルグループ」とか「ソウルファミリー」と呼ばれている〝魂同士の仲良しさんたち〟で、あなたのことを心の底から愛しています。**

「ソウルグループ」が同じ魂は、地球においては近い関係を選んで生まれて来ることが多く、親子だったり、兄弟だったり、夫だったり、妻だった

宇宙人が持つ能力は？

私の宇宙人、ポロル君は、映画「スターウォーズ」に登場する、宇宙の6億言語を話すC-3POのように、次元の違うさまざまな宇宙人の会話を翻訳してくれます。

り、親友だったり、上司だったり、メンターだったりします。

過去の地球以外の惑星の転生も同じ惑星だったりと、地球以外の宇宙でも一緒に生活をしていた場合が多いのです。

もう何億年と一緒にいるので、初めて会った場合でも、なぜか懐かしさを感じたりすることがあります。

これが、ソウルメイトと呼ばれる人たちです。

地球上では「親子」という関係性であっても、過去生では親と子が逆の立場だったり、夫婦だったりと、いろいろと違う関係性を自ら決めて楽しんでいます。

今は自分が親なのに、子どもに対して、「なんか立場が逆みたい！」と思ったりする瞬間があるのは、こういったことが理由です。

私たちの周りにいるそれぞれの宇宙人は、一体で複数名をサポートしているのではなく、地球上でたった一人、あなただけの担当です。

あなたのことを、この地球上で一番カッコいい！　と思っているので、あなたの魂を尊敬していて、崇拝していて、愛しています。彼らにとって、あなたは推しの存在です。

ツインレイって何？

宇宙では元々一体だった魂が2つに分かれて、男女のカップル設定を選択し、地球で再会しようね！　という約束をしている2つに分かれたひとつの魂です。とてもロマンチックですよね。最近は地球の波動が上がって、ツインレイと出逢いやすくなっています。ツインレイは全員にいると思われていますが、そうではありません。ツインレイがいる人は、全人口の10％程度です。

逆に言うと、あなた以外の地球人には、基本興味はありません。支えている人（つまりはあなた）にのみ、全力でサポートを行います。それは、宇宙人が、この宇宙はあなただけのもので他者は他の次元に存在している、という認識をブレることなく持っているからです。

そんな**あなただけの味方の宇宙人に、ぜひ名前を付けてあげましょう。**「あなたのお名前は何？」と聞いて、2秒以内に出てきた音を名前にしたり、どんな姿かを想像してピンときた名前を付けたりしてみてください。あなたに気づいてもらえた宇宙人は、とても喜んで、ますます張り切ってくれますよ！

宇宙人は異次元的存在ですから、今は高次元エネルギー体。全知全能の存在なので、ジーニー同様、できないことはありません。

なので、**自分のすぐそばにいる最高のパワーを持つ宇宙人を、ニートにしないこと。**宇宙人が味方に付いていますから、宇宙人の力を借りながら、この地球マトリックスを抜け出して、夢や希望を叶えていきましょう。

世界のロイヤルファミリーからきたセッションの依頼⁉

学生時代に、ある国のロイヤルファミリーの同級生が、私が、宇宙人の声が聞こえてしまうことを親に話したところ、ご両親から直接お話がしたいと言われてしまいました。当時17歳だった私は、ビビリ倒しましたが、そのご両親は私を疑うことなくお話を聞いてくださり、結果、その通りになったお礼にと、生まれて初めて宝石の原石というものを頂戴しました。宇宙人すげぇ〜と思った、忘れることができない体験でした。

攻略法 2

高次元の感覚をつかむ

宇宙とつながるとか、宇宙人とコミュニケーションを取るというと、多くの人は、地球で五感を使って感じるように、見えたり、音として聞こえたりすることをイメージしています。

けれど、高次元を感じるとは、地球の低次元と同じように、見えたり、聞こえたりといった明確な感覚ではありません。高次元の感じ方というものがあります。

ここでは、高次元の感覚についてお話しします。この感覚がわかると、宇宙人の存在を認識しやすくなると思います。

宇宙人とコミュニケーションを取る方法

宇宙人とのコミュニケーションの取り方はさまざまですが、私の場合は、私から何か質問を投げかけると、その答えを脳に埋めてくれて、自然と答えが思い浮かぶようにしてくれたり、ビジュアルとして映像が浮かぶようにしてくれます。

低次元の感覚は「はっきり」、高次元の感覚は「なんとなく」

私のお友達は、ハワイでISLAND ENERGY MASSAGE LLCというスパを経営していて、そこでは、高周波と低周波のラジオ波を使ったマッサージをしてくれます。

高周波の機械を使う時は、じんわり、やんわり、温かいなと感じる程度。たまに、手なのか機械なのかがわからないくらいの感覚、弱いお灸のような感じです。

逆に、低周波のEMSなどは、ビリビリと電気が走っているようなとってもわかりやすい感覚があります。

この高周波と低周波の機械の体感は、高次元と低次元との体感にとてもよく似ています。

高次元の感覚は「なんとなく」、低次元の感覚は「はっきり」とわかります。

つまり、**高次元を低次元として感じることや、低次元を高次元として感じることは不可能**です。

神様、龍、天使……異次元的存在の視え方が異なる理由とは？

人によって、異次元の存在が神様や龍、天使などさまざまな視え方をするのはなぜかというと、ひとつには文化的背景があります。バイブルや育てられ方によって、人それぞれ知識が違うため、私たちは自分が理解できる視点で異次元的存在を視ています。結果、自分が理解しやすい、想像しやすい形となって認識されます。また、「アンジェリア」という天使惑星、「ドラゴニア」という龍の惑星などが存在しているので、そのまま視えているのかもしれません。

私はポロルと会話をする時、右肘《ひじ》にいつもピリピリと感じます。それでも、電流が流れるといった強い感覚はなく、集中しないとまったく気づかないくらいの柔らかいピリピリです。

多くの人は、高次元を低次元同様に感じたいと思っている、または、そう感じられるのだと誤解をしています。

繰り返しますが、低次元で高次元を感じることは不可能です。それぞれの周波数通りに、それぞれの感じ方があるのです。

今まで、高次元を低次元のように感じないから、存在を認識できていなかった、もしくは、存在を否定していた人は多いと思いますが、**「なんとなく」を大切にすることで、高次元とつながれるようになります。**

「なんとなく」を大切にするということは、宇宙人との対話や自分自身の魂に注意が向きやすくなるということ。

他人が気にならなくなるので、地球メタバースにしかけられた「自分の魂以外のものに意識の矢印が向けられる」状態から抜け出し、自分の魂に意識の矢印を向けることにつながります。

夢から目覚めるのも、あと少しです！

宇宙人は2秒以内で答えを返してくる！

宇宙人は、100％例外なく、2秒以内に答えを返してきてくれます。地球人は2秒以内で繰り広げられるコミュニケーション方法に慣れていないので、とにかく練習が必要。宇宙人は瞬間で答えを言ってくるので、その感覚に集中してみると、直感が鋭くなります。ちなみに、2秒以上経つと脳が働いてしまうので、自分の思考の答えになってしまいます。

攻略法
3

自分の価値観を見直す

あなたに付いている宇宙人と仲良くなり、高次元の感覚に注目するようになったら、いよいよ望んだことを叶える方法といきたいところですが、その前に……、まず、すべきことがあります。

それは、自分が持っている価値観を見直すこと。

自分の持っている価値観がわからないと、他人の価値観を採用して、それが自分の望みだと思ってしまうことも多いからです。

例えば、「結婚したい」と思った場合、自分自身が心からそれを願っていればいいのですが、そろそろ適齢期だから結婚しないと、といった他人（社会）の価値観に従っている可能性もあります。

こういった自分の思考の掘り下げは、一番知っているようで全然知らなかった自分の本音や、その時の気持ちを正確に把握できることとなり、自

自分の価値観？他人の価値観？そのチェック法！

これは自分の価値観か、それとも他人の価値観か、わからないということもありますよね。その時は、「ワクワクするか、しないか」「しっくりくるか、こないか」で判断してみましょう。心地良いと感じるほうが自分の価値観で、「〜したほうがいい」「〜しなければならない」など義務感があるなら、他人の価値観です。

分を知ることで、自分がこの人生で何を心から望んでいるのかが、どんどん明確になっていきます。自分が本当に望むことを知るためにも、自分の価値観を見直しましょう。

まずは、自分の中にある不要な価値観に気づく

私たち肉体的存在は、赤ちゃんとして生まれ、地球での人生をスタートしますが、生まれた瞬間から誰かにお世話をしてもらわないと生き延びることができません。

最初は親などの大人に育ててもらいながら、その大人の価値観を自分の脳に植え付け、その価値観で人生をスタートさせます。

しかし、その**植え付けられた価値観と自分本来の価値観がすべて一致している人はいません。**

例えば、小さい頃に「宿題は学校から帰ってきたらすぐにやりなさい」とお母さんが言ったとします。

お金の不安は、すべて洗脳です

「働かざる者食うべからず」や「お金がないと生きていけない」などのフレーズはマインドコントロールの言葉です。お金がなくても食べていけますし、近代社会において餓死するほうが難しいもの。働かなくても堂々と食べましょう！　お金に必要以上に執着せず、お金を大切なお友達と同レベルで扱うことで、宇宙銀行から無限にお金を引き出すことが可能となります。

そして、その通りにして、褒められてきたとしましょう。その子が、大人になると、「宿題」という形ではなくなりますが、母親の言葉を通して「やるべきことは、帰宅後すぐにやらなければならない」という価値観として残っていたりします。

人は自分の思考を整理することに意識が向かないので、今まで通り、子どもの時と同じ価値観を基に、無意識に行動してしまっている場合があるのです。

こういった価値観をベースに持っていると無理をしがちで、苦しくなることもあります。さらには、脅迫観念として襲いかかってくる場合もあります。

その場合は、価値観の見直しと書き換えが必要です。

例えば、学校の部活などを終えて帰宅し、疲れている状態で勉強するよりも、朝早く起きて勉強するほうがはかどる人もいるでしょう。

やり方は本当に人それぞれなので、時代とともに自分の価値観や在り方をアップデートする必要があります。

もっと言うと、「宿題は学校から帰ってきたらすぐにやりなさい」とい

二極化の思想のルーツとは⁉

地球特有の考え方、善悪などの二極化という2つの勢力や思想は、社会を対立させて民をコントロールするために、ヒットラーやスターリンなどの権力者たちが生み出したもの。もし同じ考え方をしているとしたら、あなたの価値観は独裁者にいまだに誘導されているのかもしれません。バカは存在する、といった誰もが当然だと思ってしまうようなことのルーツも、これらの思想が基になっていることに私たちは気づいてもいません。

うお母さんの言葉は、お母さんの価値観だったかさえも微妙です。

親を経験した方はわかるかもしれませんが、子どもにはついつい、その時の状況や感情に応じて、結構適当なことを言ったりしてしまうこともありますよね。

大人だからといって、すべてのことに一貫性があるとは限りませんし、お母さんは、またそのお母さんから何気なく言われた言葉を、同じく信じて受け入れていた可能性さえもあります。

「正しい」「間違い」は、すべて地球的価値観

こうなってくると、私たちは、一体誰の価値観を基にして生きているのでしょうか？

私たちは、前にもお伝えしたように、一人ひとりがそれぞれの宇宙を持っているわけなので、すべてにおいて同じ価値観を持っている人間は存在しません。

そもそも、価値観には、「正しい」も「間違い」もありません。


お金の本質に気づいたら、800万円の仕事が舞い込んだ！

お金にブロックがあってお金がないという友人に、最初無料でセッションを行っていましたが、途中から「お金がエネルギーだ」ということを理解した友人に、セッション代を支払わせてほしいとお願いされてしまいました。お金はエネルギー。高額であればこちらも気合を入れますし、学ぶほうも必死になります。すると、その直後、その友人は、800万円の仕事を手に入れるという奇跡が起こりました！　早い！

宇宙では「正しい」や「間違い」といった批判的概念がありませんし、自分の価値観を他者に押し付けることもありません。良いか悪いかの二極で物事を見ているなら、それは地球人特有の考えです。

「～しなければならない」「～すべきだ」と思っていることはありますか？　その価値観で生きることが苦しいと感じているならば、自分はどうしたいかを考えてみましょう。

心から「～したい」と思っていること、それがあなたの価値観です。

それにしても、価値観を見直すなんて、ほんと面倒ですよね。

面倒だから、なかなか取り掛からない人のほうが多いのですが、それって、地球の思うつぼなんです。

価値観を見直さない人が増えれば増えるほど、地球のしかけたマトリックスからは抜け出せなくなる……。

面倒でも自分の価値観を見直すことをおすすめします！

生きにくい自分から生きやすい自分へ

A面からB面に行く方法がわからず、苦しんでいたクライアントさんが、セッションを通して、「何かをしなければ、自分は価値がない」と無意識に思っていたことに気づき、その価値観を手放したところ、「私は生きているだけでパーフェクト！」と心から思えるようになったと報告がありました。彼女の見た目は透明感が出て美しくなり、考え方も180度変わり、まるで別人のよう。生きやすさを感じられるようになった彼女は、自分で自分の人生を切り開けるようになりました。

攻略法 4

願望を決めて、その願いを正確に把握する

自分の価値観がわかったら、次はあなたが心から望んでいる願いは何か、願望を決めます。

ここで願いを叶えるためのコツがあります。それは、**その願いを正確に、具体的にイメージできるくらいまで描くこと**。逆に言うと、あまり深くイメージできない場合は、あなたの本当の願いではないかもしれません。

このあと、あなたに付いている宇宙人に願いをオーダーする、というプロセスがあるのですが、宇宙には善悪の判断や加減というものが存在しないので、宇宙人はあなたが思っていること、感じていることを、文字通り、「言葉の通り」に受け取るからです。

そうです！　「言葉の通り」に受け取るのです。

言葉に含まれる微妙なニュアンスや、地球上での常識のようなものは、宇宙人には、正確に的確には理解することができません。

叶えたい願いは、固い誓いとともに

「こうなったらいいなー」程度の願いでは、そのまま、「こうなったらいいかもねー」という現実が引き寄せられます。ですので、叶えたい願いがあるなら「私はなる！」という固い誓いのもとに、宇宙人さんにオーダーをしてくださいね。これが最速で願いが叶う方法です。

例えば、「彼氏が欲しいな〜」と思っている女の子が、「素敵な人に出会いますように！」と宇宙人にお願いをするとどうなるか。

「素敵な人」には、さまざまな意味合いが含まれますよね。

ハンサムな人も素敵だし、お勉強を頑張っている人も素敵だし、大企業に勤めている人も素敵だし、将棋《しょうぎ》が上手な人も素敵だし、水泳が得意な人も素敵だし……。

という具合に「素敵」の例をあげればキリがありません。

素敵の意味がわからない宇宙人は、宇宙人なりに一生懸命に解釈をして、「素敵」な人に「出会わせて」はくれますが、この女の子は、自分で思い描いていた「素敵な人」ではない場合、そのことに気づきもしません。

むしろ、出会っても注意を払うどころか、「この人、邪魔なところに立っているな〜」とまで思う場合もあるでしょう。

自分の思っている〝素敵な人〟を明確にしないまま願えば、その通り明確になっていないものが来る可能性が大いにあります。

また、「出会いたい」だと、出会うだけで、出会ってどうするのか？

一緒にトランプをしたいのか、お茶を飲みたいのか、付き合いたいのか、

100億円を引き寄せられない理由

お金が欲しい。じゃあ100億円引き寄せる！　と張り切ったとしましょう。宇宙の法則は、自分が本当に必要なものに対しては、最高の力を降り注いでくれますが、必要でなければ、そこまでの力を発揮してくれません。あなたは本当に100億円が必要ですか？

100億円を持っている自分を想像できていますか？

100億円をどう使うのですか？　100億円の使い道が明確に想像できるなら、それはすぐに叶います。

結婚したいのか……。出会うその先はオーダーに入っていないので、とりあえず、まぁ「出会う」ことになります。

なんか、もったいないですよね。


宇宙人にお願いをするということは、クリアにお願いをすることが必要です。そして、そのためには、自分が求めているものを正確にしっかりと理解、認識、把握しておくことが大前提です。

抽象的な表現をしていることに気づく

なるほど、わかった！　じゃあもっと明確にオーダーしてみる！　と意気込んで、今度は、「身長の高い彼が欲しい！」と、さっきよりは、明確と思われるオーダーをしたとしましょう。

明確に言っているつもりでも、身長の高い人とは何cmの人のことなのでしょうか？

ある人にとっては、１６０cmは高身長かもしれませんし、ある人にとっ

お金が欲しい！その額はいくら？

お金を必要以上に持っていたほうがいいというのは、地球的な考えです。とりあえずあればいいという考え方は、ややハリボテ感があり、それが波動に表れてしまいます。自分が深く想像できる金額はいくらなのか。どれくらいのお金が本当に必要なのかを見直してみてください。正確な金額が見極められたら、それはすぐに叶います。

ては、１８０cmは低い身長と感じてしまうかもしれません。
だったら、自分の「素敵な人」の意味をもっと書き出してみる！　と、またまた意気込んで、いざ書き出し始めたとしましょう。

素敵な人とは、良い人、優しい人、頭の良い人、感じの良い人……。

さらに抽象的な言葉で「素敵な人」が描き出されていますね。こうなると、いつの間にか、明確とは真逆の〝曖昧《あいまい》〟な願いがオーダーされていきます。なので、いざその人に出会っても、「なんかよくわからないつかみどころのない人だった」となってしまうのです。
そしてついには、「願いなんて叶わないじゃん！」とふて腐れ、今度は「全然周りに良い人がいない！」と、言葉を使って発言し、その波動を放つので、言葉の通りに受け止めた宇宙人によって、〝良い人〟が周りから瞬時に消えてしまいます。
実は、願いが次々と思い通りに叶っていたことも知らずに（涙）。
どうですか？　心当たりはありませんか？

宇宙人はいつも全力対応！

私は携帯のパズルゲームが大好きなのですが、どうしてもクリアできない面がありました。すると、それを見ていた私の三女（現在6歳）に、「今宇宙人にオーダーしなかったでしょ」と言われ、ハッとさせられました。そうでした、そうでしたと思い、（笑）。「次は絶対クリア！」とオーダーしたら、まさかのハワイ州で1位のスコアを叩き出してしまいました。そうです、こんなちっぽけなことにも、宇宙人は全力で対応してくれるんですよ。

私は海外生活が長く、日常では他の言語を使用していますが、それを通して気づいたことは、**日本語は圧倒的に「抽象的な表現」が多いこと**です。

自分を表現したり、主張することがあまり美徳とされていない日本文化の中で、明確な言葉は強すぎる印象を与えると感じてしまい、はっきりと自分の気持ちを口に出すという行為自体、勇気がいることだったりもします。本音と建前を分ける私たちは、「自分をどう表現するべきか」「どう演じることが正解か」、などということにこだわりすぎて、自分の本心がわからなくなってしまっている場合が多いのです。

英訳の中から、ピンとくる言葉を選ぶ

では、自分の思いを明確に言語化するためのちょっとしたテクニックを使って、自分のオーダーについて考えていきましょう。

まず、一般的に「良い人」という言葉は、常に良いことをする人、悪気がない人、可も不可もない人など、幅広く使われています。

ゴミをひとつ拾った人も「良い人」ですし、友人から彼氏の写真を見せ

携帯のありかを教えてくれた宇宙人

あるクライアントさんが、テーマパークで携帯をなくしてしまい、宇宙人に「どこにあるのか教えて」とお願いをしたそうです。そしたら、「あのゴミ箱の中にあるよ」と言われて、半信半疑でそのゴミ箱のほうに行ってみたところ、本当に見つかったと興奮気味に報告してくれました。具体的に伝えれば、宇宙人はなんだって叶えてくれます。

られて、特にコメントする特徴がない場合も、よく「良い人そう〜」などと使われていますよね。でも大切なのは、自分にとっての良い人は具体的にどのような人か、です。

テクニックのひとつとして、「良い人」という言葉をGoogleや和英辞書などを使って、英語で調べてみてください。

「良い人」は、汎用的にGood Personと訳されていますが、その他、Kind Person（親切な人）、Great Character（良い性格の人）、Benevolent（慈悲深い）など、たくさん例が出てきます。

自分にとっての良い人が、Helpful（進んで人助けをする人）なのか、Gentle（優しくて、物腰の柔らかい人）なのか、Philanthropic（博愛主義で、貧しい人々を助けようとするような人）なのか、自分にピンとくる言葉が見つかったら、書き留めるなどして、覚えておきましょう。

また、私たちが日常的に使う「幸せ」という言葉も、これまた抽象的です。あなたの「幸せ」は、あなたの家族やお友達とまったく同じですか？

恐らく違いますよね。人それぞれに幸せの定義は違うものですが、それ

「好きなこと」ってな〜に？

抽象的な表現のひとつに、「好きなことを仕事にしたい」というのがあります。では、その「好きなこと」とはなんでしょうか？　私は、「好きなこと＝心躍ること」と置き換えています。心が躍るとは、ワクワクする、ウキウキするといった感覚。この感覚は「あなたにとって好きなこと」のバロメーターです。日常でワクワク、ウキウキを意識して過ごしましょう。

に気づいてもいません。

「幸せになりたい」と願えば、なんとなく自分が感じている幸せ〝みたいな〟現象がやってくると思ってしまいます。なんとなく願えば、なんとなくの現実がやってきます。

でも、それでは納得できないのは、幸せを願っている当の本人、あなただったりするのです。

「幸せ」を類似語辞書で検索をしてみると、幸運、ラッキー、ときめき、不平不満がない状態、などが出てきます。また、英語で「Happy」を検索すると、嬉しい、楽しい、満足、安定など、自分が何に対して幸せと思えるのかを知るきっかけになったりもします。

自分の「幸せ」は楽しい日々のことなのか、経済的安定のことなのか、健康のことなのかなど、自分のひとつひとつの言葉の定義を意識しながら、本当に自分が望む幸せを正確に把握してください。

あっ、今宇宙人たちが張り切っていますよ！

その願いなら任せなさい、って♡

本当の引き寄せとは？

お金やパートナーシップなど、自分にはないものを求める時、それらを追いかけるようなイメージがあるかもしれませんが、引き寄せとは、自分が引き寄せたいものと同じ波動をまとうことで、引き合えるようになるのです。

攻略法

5

願いが叶わない正体を知る

あなたの願いを具体的に言葉にして宇宙人にオーダーできれば、その願いは必ず叶います。

「ちょっと待って！　明確な言葉にしても叶わないんだけど……」

ですよね。願いを明確にしても叶わないと感じるのは、その願いを邪魔してくる曲者《くせもの》がいるからなんです。

嫌ですよね。誰だか知りたいですよね。

それは、ジャジャーン！

あなた自身の「心の葛藤」です。

「え？　自分……(汗)」

葛藤は、願いを叶わなくさせる張本人

そう、**残念ながらあなた自身があなたの願いを叶わなくさせているの**です。でも、がっかりしないでください！

ここからは、あなたの中にある葛藤を、どう克服していけばいいか、その攻略法をお伝えします。

自分を疑いなく信じるって、意外と難しい

葛藤というのは、ひとつのことに対して、2つ以上の相反する動機・欲求・感情などが、心の中に存在していることを指します。

例えば、ある男の子がクラスに大好きな女の子がいて、「彼女とお付き合いしたいな」と思っていたとします。

でもキラキラと輝く彼女を見て、「俺なんかじゃきっとダメだろうな」「俺じゃ彼女を幸せにしてあげられないよな〜」と、地球のマイナスエネルギーからくる不安で、フラれた時の自分を励ますかのように、自己防衛をしてしまいます。

「彼女になってほしい」と思いながらも、一方で「俺なんかが相手じゃ、

近所のおじちゃんの言葉がつくったお金のブロック

「お金は大事ではない。お金はええもんじゃねぇ」という価値観が自分にあることが判明した、クライアントさん。「それは誰が言った台詞ですか？」とたずねたところ、なんと近所のおじちゃんの言葉だったことが発覚！　これこそが、「お金をたくさん稼ぎたい」に対して相反する意見、心の葛藤です。その場で速攻でその考えをゴミ箱に捨てていただいたところ、その日からわずか3ヶ月で月商600万円に！

彼女になってもらえない」と思う。

これが、相反する2つの感情であり、いわゆる「葛藤」です。

願いが叶わなかった時に傷つきたくない、恥ずかしい思いをしたくないといった気持ちや、願いを叶える怖さなどから、叶わない前提で自己防衛をしたりしてしまうのです。つまりは、相反する2つの願いがぶつかり合ってプラスマイナスゼロの状態＝現状維持ということであり、自分の願いはすべて叶っているわけです。


はいこれ、最大の落とし穴です（警告音！）。

これが曲者の正体です。

「俺なんかじゃ」ってやつは、本当に必要ですか？

必要だとするならば、彼女にとっての幸せの定義が何かを正確に把握できていますか？　もしかしたら、彼女自身でさえも幸せとは何かを考えたことがないかもしれません。


自分自身とまったく同じ思考、感情、価値観を持っている地球人は一人もいません。他者が「こう思ってるかもしれない」というのは、ただの妄

葛藤があると、プラスマイナスゼロで
現状維持のままに

想ストーリーに過ぎませんし、誰か一人に何か言われたとしても、他の人も同じ意見かどうかはわかりません。

なので、**他者である誰かの幸せの定義を推測して行動することは、まったく無意味なこと**なのです。けれど、無意識の自己防衛から他者の気持ちを推測して、動けなくなってしまう……。

彼がもし、「僕は彼女と付き合う！」と固く決めていれば、その願いは簡単に叶っていました。

そうです。**願いを叶えるということは、「自分を疑いなく信じる」という、とても勇気がいる行為**だったのです。

そう、葛藤はなかなかの強敵です。

過去の自分を守ってくれた優しい葛藤さん

あなたの願いを邪魔する葛藤は手放すに越したことはありませんが、なかなか手放せない理由があります。

それは、**葛藤は、地球というこの社会を円滑に生きていくため、社会で**

中学生のフラれた傷が浮上！

ビジネスも成功しているし、お友達もたくさんいて、自分に葛藤はありません！　と初回のセッションで張り切っていた男性。彼の宇宙人さんは「女の子！　女の子！　女の子！」と叫んでいたので聞いてみると、恋愛に対してまったく自信がないことがわかりました。掘り下げると、中学生の時、大好きだった女の子にフラれた傷が、10年以上経ってもまだ癒えていないと判明。その価値観を見直し、葛藤を外したところ、数ヶ月後に彼女ができて、2人でハワイにご挨拶に来てくださいました。

の攻撃から自分を守るための盾《たて》のような役割をしてくれていたからです。

例えば、上司から理不尽なことを言われてムカついたけど、黙って言うことを聞いた場合、

・言い返してやりたい
・上司の言うことは黙って聞くしかない

という葛藤が生じます。

でも、この葛藤のおかげで、言いたい放題ぶちまけて職場で大きなトラブルにもならず、今まで通り会社勤めをして安泰な生活ができているわけです。葛藤は、過去の自分を守ってくれた、大切な価値観なのです。

ですので、仮に葛藤に気づいたとしても、それを捨てるべきだと認識できず、なかなか手放すことが難しいのです。

葛藤に向き合うのはしんどい……とため息をついた、あなた！

今、地球が「私のこのメタバース、なかなか手が込んでるでしょ」ってどや顔してましたよ（笑）。

ジャッジが多い人、人の悪口を言う人の真相

他者は自分の鏡でしかありません。もし他者を戒めようとしたら、それは自分が持っている自分自身の嫌な部分を見せられているにすぎず、その他者を排除しても、自分の内側が変わることがなければ、現実が変わることはありません。嫌いな人と距離を置けば問題は解決すると思う人は、なんの解決もしていないことになってしまうのです。

攻略法 6

自分の葛藤に気づき、その葛藤を外す

葛藤は、これまでの人生を生き抜くために取り入れて、大切にしてきた価値観が古くなり、自分の本音と一致しなくなってきた時に生じます。

価値観にも賞味期限があるので、大切にしていた価値観が、今の自分に合わなくなってしまった時、それがその価値観の捨て時です。

そこで、古い価値観を見極めて手放し、葛藤を外す方法をお伝えします。

また葛藤かよ〜、と思いたくなりますよね。でも、葛藤は宇宙とつながるためには、決定的に排除しなければいけない存在。

何度も言いますが、宇宙とつながるということは、LESS IS MORE（シンプルなほうが本質が見えてくる）です。

軽ければ軽いほうがいいのです。思考も、価値観も、物も、最低限でいるほうが、悩みは自然と消えていきます。

葛藤を外して、今を味わう

これからの世界に必要な人は、お金を持っている人でも、ビジネスで成功する人でもなく、本当に心から幸せを感じている人です。過去の後悔や未来への不安ではなく、「今」を十分に噛み締めながらこの一瞬一瞬を大切に生きている人です。そのためにも、葛藤を上手に外していきましょう！

思考のお掃除で葛藤に気づく

私たちの思考は葛藤だらけですが、心理学でも、自分の葛藤に自分自身で気づくことは非常に難しいとされています。

なぜなら、家の掃除のように、定期的に「思考のお掃除」をしている人はなかなかいないからです。

頭の中は肉眼で見ることはできないので、どれだけ散らかっていて、矛盾だらけかに気づくことがとても難しいのです。

人は誰でも、100〜200個くらいの相反する価値観、葛藤を持っているといわれています。結構多いですよね。

そこで、葛藤を見つける方法をお教えしましょう。

それは、**普段自分が話している言葉に意識を向けてみる**ことです。そして、「けど」「でも」という言葉を使っていたら、それは葛藤がある証拠。

6年間の不妊から奇跡のご懐妊

不妊で6年間悩んでいたクライアントさん。「誰も私を母として選んでくれないのでしょうか？」というお悩みでしたが、私の宇宙人は「足が冷えてる！　痩せすぎ！」と言っていたので、「冷え性ですか？」とお聞きしたところ、過度の冷え性とのこと。その冷え性は、早く孫が見たいという親の期待に応えられないストレスと、妊娠への過度な執着からきていたことがわかりました。過度な執着は、新しい葛藤を生み出してしまいます。そこで、足湯をおすすめしたら、2ヶ月後、見事にご懐妊。無事に健康な赤ちゃんをご出産され、とても楽しそうに育児をされていた8ヶ月後、まさかの第二子をご懐妊。奇跡はすぐそこにあるのです。

「マイホームは欲しいけど、ローンは組みたくない」

「結婚はしたいけど、自由でいたい」

「お菓子を食べたい。でも、太りたくない」

「女優になりたい。でも、身バレしたくない」

これらはすべて、葛藤です。葛藤はあまりにも無意識に、私たちの中に染み込んでいます。


たしかに葛藤によって、お金が減らずにすんだり、自由を謳歌できたり、ダイエットをしなくてすんだり、静かに生活できたりしたのですが、頑《かたく》なな価値観を持ち続け、冒険しないままの人生でもいいのでしょうか?

ローンを組んでも心地良いマイホームを持つことで、仕事がうまくいくかもしれませんし、結婚で生活が安定して、今より自由になるかもしれませんし、お菓子を食べることで幸せな時間が増えて、逆に太らない体質になるかもしれませんし、身バレしてもいい覚悟で女優を目指すことで、自分を表現する幸せを感じるかもしれません。

「けど」や「でも」で出てくる相反する価値観の理由を明確にし、統一させること。これが「葛藤外し」です。

人生は、こうしてつくられる

現実とは、あなたの内面の鏡として映し出されます。自分が幸せな人生だと思って生きている時は、幸せの現実が。自分は不幸だなと思って生きている時は、不幸な現実が映し出されます。ですので、「頭をクリアにする＝葛藤を外す」ことで、自分の思い通りの人生となるのです。

賞味期限が切れたままの価値観が、何年も頭の中にしまってあって、腐っているものもあり、それがどんどん繁殖しているとしたら……。ちょっとギョッとした気持ちになりますね。しかも、その価値観の産地（誰から植え付けられたか）もわからないとしたら……。

もしかしたら、頭の中は絶賛ゴミ屋敷中で、もはや業者を呼ばなければいけない状態かもしれません。

よく見かけるゴミ屋敷には、一般的に90リットルの特大ゴミ袋が9000個必要だそうです。10個捨てるだけでも、すっきりしそうですが、残り8990個って……。

物の断捨離をすすめている方は、世の中に結構いらっしゃいますが、それは、物には過去のいろいろな感情やエネルギーがためこまれているので、断捨離するだけで気持ちが軽くなるからです。

それと同じように、頭の中の断捨離に挑戦した時、あなたはきっと、「わぁ！　こんなもの、私まだ取ってたんだー！」と驚くと思いますよ。

そして、不思議ですが、**あんなに大切に何年も握りしめていた価値観を一回捨てると、その価値観を思い出すことができなくなってしまう**のです。

ぜひ、その面白体験をしてみてください。本当に笑っちゃうし、価値観

怖さや苦手意識が湧き上がった時は？

怖いな、とか、苦手だな、という感情も宇宙のメッセージです。それが「チャレンジしてごらん」なのか、「それはやめておけ！」なのかがはっきりとわからない場合は、一旦そのメッセージをスルーして、もっとわかりやすいサインはないかな～と思っていると、「あ！　チャレンジしろだ！」「あ！　これはやめておけだ！」など、はっきりとわかる瞬間にたどり着きます。

を手放す快感はクセになりますよー。

ネガティブな感情が教えてくれる、不要な価値観

もうひとつ、自分の中の葛藤に気づけるタイミングがあります。

それは、他人の言動に対して、怒り、もどかしさ、悔しさ、悲しさ、妬み、ひがみなどを持った時。このネガティブ感情こそ、

「はい！　ここに、古くなったあなたの葛藤がありますよ――――！」

というあなたへの強いメッセージです。


そもそも他者の言動は他者のものであって、あなたのものでもなければ、あなたに何かの決定権があるわけでもありません。

それなのに、「そんなことをするべきではない！」「あいつ許せない！」など、**相手の言動に嫌悪感を抱いたなら、あなたの中にも同様な価値観が存在する**ということです。

そんな価値観を持っている自分って嫌だな、もう飽きたな、と感じたら、

解決できない確執は、陰陽をチェック！

もしあなたが、親子関係などで確執や困難を感じているならば、それはあなたと相手の陰陽が逆の可能性があります。陰陽では世界観も表現方法も違います。実はシンプルに表現方法が違うだけで、お互いが思い合っているかもしれません。本書巻末に載せている「陰陽とエレメントを知る計算式」を使って自分と相手の陰陽を調べてみましょう。そうすれば、自分が今何をすればいいのかがわかります。

もうそれらの価値観や概念は、今のあなたには不要なので、今すぐ捨ててください！　という魂からのサインです。

つまり、**ネガティブな感情は、あなたの古くて、賞味期限が切れていて、不要な価値観をあなたに教えるためだけに存在してくれている**のです。

ありがたいですね。優しいですね、葛藤さん。


心理学者のアドラーは、怒りについてこんなふうに説いています。

「とある男性が、喫茶店でコーヒーをこぼされて怒ったとしたら、それはコーヒーをこぼされたことに怒ったのではなく、元々〝怒りたい〟という感情を持っていて、〝怒る〟という行動を正当化できそうな状況を見つけたために、それを利用して〝怒る〟という行動をとったにすぎない」と。


本当にその通りで、コーヒーをこぼされたその人は、コーヒーをこぼされたことが嫌だったから怒った、と思っているかもしれませんが、実は違います。

「怒りたい」という感情が元々その人の中に存在していなければ、何をされたとしても、人は怒ることがないのです。

他人を変えることはできない理由

自分の世界の主人公は自分です。つまり、〝世界〟は自分が意識しているものしか存在しないので、他者の介入というものはありません。ただし、ソウルメイトは宇宙でも仲良しなので、地球でも深い関係性の他者として現れます。

他者に向けていた矢印を自分に向ける

この男性は「人の失敗は指摘するべきだ！」という古い価値観を持っていて、その古い価値観はその男性から猛烈に出たがっているから、それを伝えようとした、ということかもしれませんし、この男性は、コーヒーをこぼされる以前に、何か別のことでイライラしていたのかもしれません。

もし、彼がその原因をしっかりと把握できていれば、ウェイトレスに怒ることもなく、自分が無意識に大切にしまっていた古い腐った価値観を捨てる大チャンスだったのです。

他人は自分の価値観を映し出すモブキャラ

「他人は自分を映し出す鏡」という言葉を聞いたことはありますか？

他人は、あなたの価値観を映し出すためだけに存在している、と言っても過言ではないくらい、私たちは、**他人を通して自分の葛藤や価値観を知ることができる**、という意味です。

「え！　あんな嫌な人と私は全然違うよ！」

視点が変われば世界も変わる

相対性理論を提唱したアインシュタインは、実は2つの理論がありました。ひとつ目は「特殊相対性理論」、もうひとつは「一般相対性理論」。これらの違いは、「特殊相対性理論」は重力の影響がないことを前提としているのに対し、「一般相対性理論」は重力の影響を加味した理論であるということ。

これら2つの理論を合わせて、「相対性理論」と呼ばれています。光は一定の速度で進んでおり、「どこから観測するかでその速度が変わる」という従来の考え方に対し、相対性理論では「どの立場で観測しても光の速度は同じ」としています。そしてその理由を、観測者の時間の流れは相対的に変化するからだとしています。

と思う気持ち、わかります。でも、自分の価値観を見直すチャンスだと思って、そのネガティブ感情を活用してみてください。

とはいえ、真剣に考え込まないでくださいね。地球特有の思考にはまってしまいますよ！

この地球メタバースにおいて、自分以外の人はすべて、自分がつくったモブキャラ（その他大勢）のようなものとも捉えられます。

誰もが自作自演の自分の宇宙で生きていますから、本当は他人は存在しないのです。

なら、なぜ他人が目の前に存在するかというと、今までの自分の思考・感情・言葉がどういう現実をつくるのかを教えてくれる、鏡の役割を担っているからです。つまり、**自分の葛藤に気づかせてくれるのが、他人**というわけです。

例えば、仕事でミスをしてしまい、「なんでこんな簡単なことなのに、できないの？」と上司に言われてムカッとしたなら、自分の中にも「できない人は見下す」という価値観があるのかもしれません。

前にも話したように、価値観に「正しい」「間違い」はありません。

不正解がこの世にない理由

アインシュタインのエネルギーを測る有名な式として、$E=mc^2$が一般相対性理論に対し、特殊相対性理論の式は$m=E/c^2$でした。特殊相対性理論の式は、m（物質の質量）が、時空の影響で止まっているか動いているかは、γ（光の振動数）によって変動するということを示しています。そのためエネルギーは、光の振動数（γ）と質量（m）と光速度（c）の影響を受け変化する（$E=\gamma mc^2$）という解釈もできます。このように、正解と思われている事柄は、ある一定の条件ではそうだが、変動する可能性があるということです。つまり、不正解というものはないのです。

ただ「できない人は見下す」という価値観があなたの中にありますよ、という意味です。

人は皆、自分が持っている価値観による独断と偏見で他者をジャッジして、勝手に嫌な気持ちになっているのです。

他人にイライラしたら、自分に矢印を向ける習慣を

他人にネガティブな感情が湧いた時は、自分が持っている古い価値観を知る絶好の機会です。相手にイライラして終わるのではなく、こんな時こそ自分に矢印を向けましょう。

なんでイライラしたんだろう？
このイライラから捨てられる価値観、何かな？

と自分に問いかけてください。

何度も言います。答えはすべて自分の中にあるのです。

答えは無限に存在する

アインシュタインの理論により、数学の答えは無限だということが受け入れられているのに対し、物理学は正解・不正解で見られがちです。しかし、地球におけるすべてのことは、「一定の条件の元で」が前提となっているため、実は、無限に存在しているのです。つまり、あなたの解釈はあなたの視点に依存しているだけなのです。

ネガティブな感情は、向き合うまでふくれ上がる

ネガティブな感情というのは、なかなか簡単には無視することができません。**心が痛くなったり、涙が出てしまったりと、何がなんでもその感情と向き合わなければいけない状況に陥ります。**

もちろん、見て見ぬ振りをして、何事もなかったように、日常生活を送ることは可能です。

でも、ネガティブな感情を横に置くという行為は、そのあなたが持っている葛藤の大きさを倍増させることになり、あなたが向き合うまで、どんどん大きくなって、無視できない状態にまでふくれ上がります。

怖っ！

こんなに葛藤について熱く語っている私でも、最近の思考断捨離でびっくりしたエピソードがあるので、聞いてください。

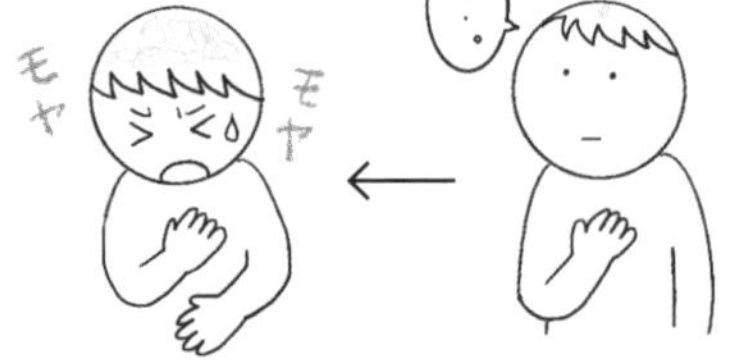

ネガティブな感情は、放っておくと大きくなる

私の父はとっても優しくお人好しでいろんな人に騙《だま》されているのを、小さい頃の私は見ていました。

小学生でもわかるくらいでしたので、「なんでそんなにお人好しなの？　そんなにいろんな人に騙されてばかりでいいの？」と聞くと、父はゲラゲラと笑いながら、「人を騙すより、騙されるほうがいいジャーン」と言いました。

そんなあっけらかんとしている父を見て、私は「なるほどな」とちょっと納得しちゃったんです。

そうしたら、大人になって、つい最近、私も騙される経験をしてしまいました。

それは、**私を騙した人がいけなかったのではなく、父の言葉をまるで名言かのように、私が自分の頭の中にまだ持っていたから起こったこと**だったのです。

常日頃から掃除をしている家の大掃除は、ちょっとした労力で終わりますが、一年間掃除をしていなかった家の大掃除は、大仕事ですよね。

それと同じで、放置すればするほど、いつか向き合う時の負荷も大きく

現実は内側にある

現実は外にはありません。現実として見ているものは、自分の内側がプロジェクターで投影されているようなもの。プロジェクターの映像を変えようとしても、できませんよね。映し出しているのがパソコン（本体）からなら、その内容を変更して映し出すと、映像は変わります。私のセッションで内側を変えた人は、SNSで批判してくるアンチが忽然と消えたり、何年も疎遠だった親子関係が急に復活したり、無理だと思っていたコンテストで優勝したりと、面白い現実が次々に起こっています。

なります。

この本を手に取ってくださっているあなた、ぜひこの機会に頭の中にある価値観の整理をしていきましょう。

自分の気持ちを丁寧に観察してみることで、葛藤の原因が必ず見えてきます。

すると、自分の魂が本当は何を求めているかに近づくことができます。

ネガティブ感情を持っていても願いは叶う！

願望実現の数々の本や動画で、「ネガティブな感情とその波動は、願望実現を遠ざけてしまうので、常にハッピーでいましょう！」といった説明を見ることがありますが、ネガティブな感情というのは、決して悪いものではありません。

ちょっとネガティブな感情を持ったからといって、願望実現の妨げには一切なりません。

ネガティブな波動が宇宙に届いちゃったんじゃないか、という心配は不

ネガティブな言葉をどうしても放ちたい時の方法

ネガティブな感情を持つと、つい良くない波動の言葉も言いたくなってしまいますよね。しかし、言葉には気をつけていきましょう！　言葉の波動は侮れないからです。言わないように意識するだけでも、発するネガティブな言葉の量は変わります。また、自分がどうしてもネガティブな言葉を放ちたい時は、宇宙人に「これから言う言葉は、私に影響させないで！」とシールドをかけるオーダーを事前にしておくこともおすすめです。

要です。

なぜなら、ネガティブ感情があるということは、自分の中に古くなった価値観があるよ、ということを教えてくれるセンサーのようなものだからです。

ネガティブ感情が湧いたら、逆にワクワクです。

だって、**自分の古くなった価値観を見つけ、その不要な価値観をたったひとつ捨てるだけでも、願望実現が、なんと100倍もスピードアップする**からです。

さらに、宇宙人たちのサポートを借りられたら、もうミラクルの域です。ね！　ネガティブ感情に出会いたくもなるでしょ。

あなたの人生は、爆上がりします！

ネガティブ感情を捨てられない時はどうする？

ネガティブ感情に気づいたら捨てると言いましたが、無理矢理捨てるのは難しいことです。ですので、なぜそのネガティブ感情を持っているのか、その葛藤、その原因となっている自分の考えを冷静に分析することが大切です。捨てられないネガティブ感情は、「もう少し掘り下げて！」という意味なので、まだ葛藤にたどり着いていない状態といえるでしょう。

思考の断捨離で、宇宙とつながる

何度も言いますが、あなたは全知全能の存在であり、高次元エネルギー体です。

なのに、**宇宙とつながることを阻止しているのは、不要な思考や価値観である場合がほとんど**です。

あなたをサポートしてくれている宇宙人の声が聞こえないのは、頭でっかちになっている状態。

不必要な思考や価値観が自分の中にありすぎて、新しいものを取り込むことができず、パンク状態になっているのです。

古い価値観を見極めて手放すと、葛藤は簡単に外れます。

あなたの中に新しいものを受け入れるスペースが空き、自然と元いた宇宙、宇宙に置いてきた自分のパワーとつながっていくことができるのです。

この攻略法をマスターしたら、地球人は夢から目覚めていくのです！

思考の断捨離で、
宇宙のパワーとつながる

攻略法 7
言葉・感情・思考を一致させる

あなたの願いをしっかり定め、葛藤を外したら、次にやることは、言葉・感情・思考を一致させることです。

なぜなら、**今、あなたの目の前にある現実は、す・べ・て、あなたの言葉・感情・思考がつくりあげている**からです。

この3つが矛盾なくピタッと合致する時、現実として現れるのです。

言葉・感情・思考と簡単に言いましたが、実はかな〜り奥が深いんですよ。この3つは、例えるなら車の「ハンドル」「アクセル」「エンジン」のようなものです。車を自分の行きたいほうへと動かすには、全部必要ですよね。そして、この例えで言えば、宇宙人は「ガソリン」のような存在です。

でも、安心してください！　思考の断捨離をして、葛藤を外せば、自然

思考のお掃除で、言葉・感情・思考はなぜ一致する？

私が、思考の断捨離をおすすめする理由、それは、思考のお掃除をして葛藤を外すと、自分の中に相反する意見がなくなるので、ストレートに自分の気持ちや感覚を信じられるようになるからです。その結果、言葉・感情・思考が一致し始めます。私のセッションでクライアントさんが奇跡を起こすのは、この部分を徹底的に見つめ直すからです。

と言葉・感情・思考は一致していきます。

ここでは、宇宙のパワーを使いこなす言葉・感情・思考の使い方を、それぞれ詳しく見ていきます。

言葉の力

発した言葉は、もう一度発することになる

言葉とは、振動している音であり「波動」のことです。

日本には、「言霊《ことだま》」という概念が広く普及していて、言葉にはパワーがあり、言葉は現実になると信じられています。

最古の歌集といわれている、今から1300年前につくられた「万葉集」には、日本は「言霊の幸《さきわ》ふ国」とあります。これは、日本は「言葉による祝福が現実に機能する国」という意味。以前の日本は、今よりも言葉を重んじる精神のもとにあったのですね。

宇宙の法則で言うと、**一度発した言葉は、必ずもう一度同じ言葉を発す**

オーラは、4つのレイヤーに分かれている

私たちの肉体を囲んでいるオーラ（想念エネルギー）は、次の4つのレイヤーに分かれていて、言葉・感情・思考・魂と深い関わりがあります。

エーテル体…「言葉」と強い関わりがある。

アストラル体…「感情」と強い関わりがある。

メンタル体…「思考」と強い関わりがある。

コーザル体…「魂」と深い関わりがある。

ることになります。

「幸せだな〜」と言ったら、再び幸せを感じる出来事に恵まれて、「幸せだな〜」と言葉にする機会が現れます。

当然、ネガティブな発言にも同じことが起こりますから、例えば「こいつ本当にムカつくな〜」と言えば、またムカつかざるを得ない状況がつくり出されます。

このように、一度言葉にしたことは繰り返されるのです。

言葉を発する時は、いい波動の言葉を使うように心がけましょう。

言葉の力

言葉の波動は物質に影響を与える

波動は目に見えないのでわかりにくいかもしれませんが、海外で言葉が通じなくても、バカにされていることだけはわかった、という話はよく聞きます。

それは、**言葉には波動があるので、実際に言語が理解できなくても波動**

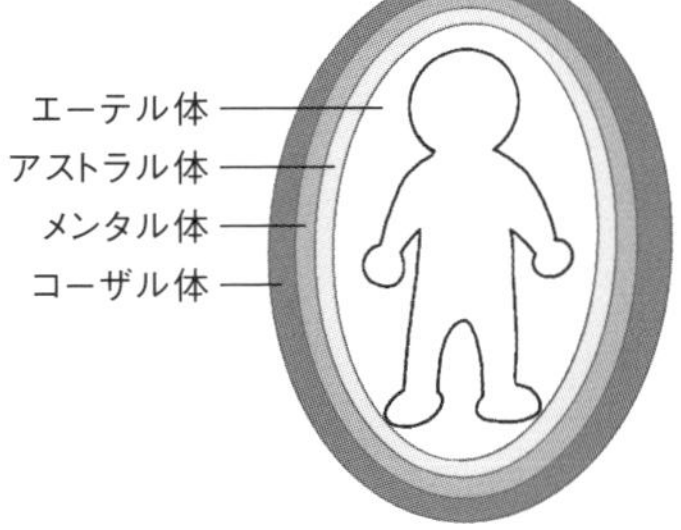

言葉・感情・思考を一致させて、コーザル体(魂)とつながると、地球にいながら宇宙のパワーを使いこなせるようになります。

を通して伝わるからです。

悪口を言う人に近づきたくない、と感じるのも、悪口という言葉のネガティブな波動を感じ取りたくないからです。

実際に、1ヶ月間「ありがとう」と言われ続けたリンゴと、汚い言葉で罵倒《ばとう》され続けたリンゴを比べる実験では、2つのリンゴの腐り方は全然違いました。「ありがとう」と言われ続けたリンゴが多少傷んだだけなのに対し、罵倒されたリンゴは腐敗に近い状態になりました。

言葉の波動は、ここまでも物質に大きく影響をもたらします。

水なども、言葉をかけ続けることで、結晶が変わることは有名です。

私たちの肉体も約60%が水分でできているので、体内の結晶も影響を受けてしまうのです。これが、「病気」というものを引き起こす原因になったりします。

あなたが普段何気なく口に出している言葉を観察してみましょう。波動の良くない言葉があれば、なるべく言葉にしないように意識的に生活をしてみてください。

最強の波動を持つ言霊とは？

「ありがとうございます」は、最強に波動がいい言葉です。一方、「疲れた」という言葉や、チェッという「舌打ち」の音の波動は、自分が積んだ徳を一瞬で打ち消すほどのパワーを持っているので、要注意です。

日常で使う言葉を、波動がいいものに変えていくことで、スルスルと宇宙につながることができます。

言葉の力

風の時代に入り、チャクラのバランスが変化した！

風の時代に入った、というような表現を耳にしたことがある方もいると思いますが、特に2020年12月22日のグレート・コンジャンクション（木星と土星が大接近すること）以降、地球全体のエネルギーが上昇し、だいぶ精神的な軽さを感じることができるようになってきました。

2008年以来、冥王星が山羊座から16年かけて徐々に移動し、2023年3月24日には水瓶座に到達して、この移動が完了しました。冥王星は破壊と再生を司る星です。冥王星が移動していた16年間は、離婚が大変多かった時期ともいわれています。

冥王星の影響で、今までの関係を破壊し、新しい出会いで再生をはかっ

200年に一度のエレメンツが変わる時期

グレート・コンジャンクションとは、木星と土星が地球から見て同じ位置でぴたりと重なることを指します。このグレート・コンジャンクションは約20年に一度の周期で訪れますが、特に2020年12月のグレート・コンジャンクションが注目されているのは、200年ぶりに、土から風のエレメントに変わる時期でもあったからです。この移動により、社会の雰囲気も変化しています。

た人が増えたのでしょう。

冥王星はこれから11年間水瓶座にいることになり、この移動の完了をもって、過去200年ほど続いた「土の時代」と呼ばれていた物資至上主義が完全に終わり、新たに「風の時代」といわれる、心や魂の時代がいよいよスタートします。

これが地球のエネルギーが少し軽く感じられるようになってきた理由です。

風の時代では、土の時代で権力を振るっていた男性社会、お金、権力が一気にパワーを落としていき、代わりに目に見えないものを捉える力が問われるようになります。

この宇宙での大きな変化に伴い、チャクラにも変化が表れました。

チャクラとは、エネルギーが出入りしている場所で、肉体と肉体を囲むエネルギーの架け橋的な役割を持っています。

代表的なチャクラは背骨に沿って7つあり、第1チャクラ(肛門)、第2チャクラ(丹田)、第3チャクラ(みぞおち)、第4チャクラ(胸)、第5チャクラ(喉)、第6チャクラ(眉間)、第7チャクラ(頭頂)と上下に並んでいます。


チャクラが司るエネルギーとは？

代表的な7つのチャクラは、それぞれ、司るエネルギーが決まっています。

第1チャクラ／現実的に生きることや、グラウンディングといった生命力
第2チャクラ／自分の力で人生を創造する自立心
第3チャクラ／自分らしさや自信

これまでの時代は、陰陽のマークと同じ形をしているハートの第4チャクラが、全チャクラのバランスを取っていました。

しかし、**2020年のグレート・コンジャンクション以降、地球のエネルギーの上昇に伴い、全チャクラのバランスを取る働きが、第4チャクラ（胸）から第5チャクラ（喉）へと移動した**のです。

この影響を受け、今まで以上に、「言葉」が力を持つようになってきました。言葉・感情・思考では、なんとなく、言葉が一番コントロールしやすいと感じませんか？

そう、私たちは今、コントロールしやすい、ラッキーな時代に突入したのです！

ぜひ、体験、経験したいことを言葉のパワーを上手に使って明確にし、あなたの人生を思い通りにしていきましょう。

第4チャクラ／無償の愛、調和といった愛
第5チャクラ／言葉、コミュニケーションを司る表現力
第6チャクラ／第三の目、叡智といった直感力
第7チャクラ／宇宙のエネルギーとのつながり

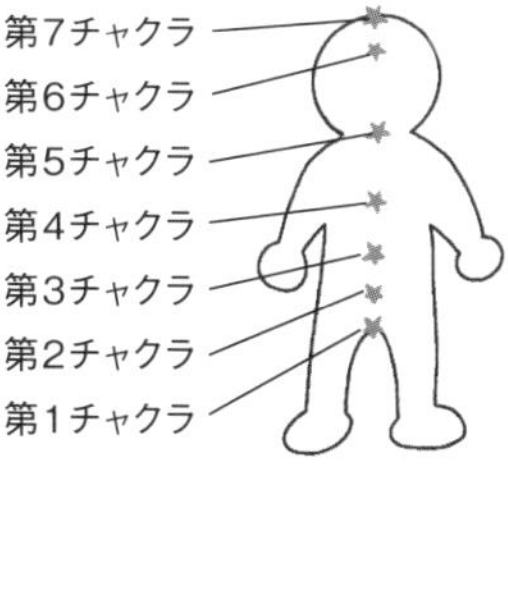

感情の力

ネガティブ感情を解放する、地球的行動と宇宙的視点

次は、「感情の力」について見ていきましょう。

感情は最もコントロールすることが難しい、と感じるかもしれませんね。それは、嫌な気持ちになったり、落ち込んだりすると、自分ではどうにもならないと感じてしまう経験を、この地球で何度もしているからです。でも、あなたはこの本で、ネガティブ感情の意味と役割と対処法を知ったので、大丈夫です。少し復習してみましょう。

ネガティブな感情発生

↓

ここに葛藤がある、ということに気づく

↓

願いと相反する価値観は何か、を掘り下げる

地球はこうして落とし穴をしかけている

ネガティブ感情に陥りやすくなる地球の落とし穴と宇宙的視点について解説します。

【お金】

＊地球の落とし穴
お金は手に入れることが難しいもので、何か大変なこと、難しいことをしないと入手することができない、給与などのわかりやすい入金以外の入手は難しいという錯覚を持たせて、お金で悩むようになっている。

＊宇宙的視点
お金は紙。波動を合わせれば必要に応じて好きなだけ手に入れることができる。

←不要な価値観を手放し、葛藤を外す

ここまではネガティブ感情を、地球的な視点で見た時の仕組みと、葛藤を手放すための行動についての解説をしてきましたが、宇宙的な視点で見るとどうなるかを説明してみましょう。

【嫉妬・寂しさ】

ヤキモチ・妬みなどの嫉妬からくる寂しさは、地球視点では「自分と魂が離れてしまっているよ」というサインです。

しかし、宇宙的に見ると、他者のことを羨ましいと思ったら「そのパラレルワールドは、あなたにもあるよ！」というメッセージです。

つまり、**あなたがこの人いいな、あの人はずるいな、という感情は、「その人みたいになりたい、でも私なれてない」という気持ちからきています。**

そういう感情を持ったら、「あなたにもそのパラレルが存在するよ」という意味なので、大チャンスです。これは自分の未来のプレビュー、つまり予告なんだ！って思ってくださいね。

【健康】

＊地球の落とし穴
体が衰えれば誰でも病気になる、癌などの難しい病気になったら治すことはできないという錯覚を持たせ、健康で悩むようにさせている。

＊宇宙的視点
自分の健康がどうありたいかを先に決めれば、その通りになる。

そして、誰かのことをいいな～って思ってる暇があったら、自分も同じ体験、もしくは、それ以上の体験ができるパラレルワールドにさっさと移動しちゃいましょう！

【怒り】

怒りがこみ上げるなど苛立《いらだ》つ感情は、地球視点では、「今の人生に何かしら満足していないよ～」という気持ちからきています。

一方、宇宙的には「今あなたのいるパラレルワールドは、今のあなたにとって相応しくないよ！　今すぐ移動して！」というメッセージです。

怒るという行為は、自分のことがまったく見えていない時に起こります。

そして、「自分の人生に不満があります！」というアピールです。

そんなアピールをしている自分って、なんかちょっと惨《みじ》めですね。しかもなんかちょっとダサいっすね。

怒りを感じてしまったら、「私は何に対して満足していないのかな？」と自分の感情の根っこを掘り下げて、自分が本当に行きたいパラレルワールドがどこなのかを見つけてください。

【恋愛・結婚】

＊地球の落とし穴
この人と付き合うのは難しい、理想の人に出会うことは難しいなどと、理想を抱かせないようにして、運命の相手と出会わなくさせる。また、結婚という社会制度を使って、一度結婚したら身動きができないように閉じ込める。「母だからこうするべき」「妻だからこうするべき」と惑わせ、最良のパワーを発揮できなくさせる。

＊宇宙的視点
誰とでも好きな恋愛をすることができる。結婚しても、好きなようになんでも手に入れることができる。

【悲しい】

悲しいという感情は、地球的には、本当はやりたいことがあったのに、行動に移せなかったり、意図しなかったために結果が思い通りにならなかったことへの後悔の気持ちからきています。

けれど、**宇宙的には「決めなきゃいけないとわかっていたのに、なんだかんだ決めなかったから、望んでいない現象がランダムに起きたよ」というメッセージです。**

ってことは、もうこれは何がなんでも自分がどうなりたいか、何を望んでいるかを決めなきゃいけません。

ネガティブな感情とうまく付き合っていくには、常に相手に向けられた矢印を、自分に向けていくことがコツとなります。

何度もしつこく言いますが、他者はあなたの人生において、あくまでその他大勢のモブキャラです。

感情の原因が他者にあることはありえません。すべては自分の中に答えがあります。この「自分と向き合う」ことが「自己理解」となって、どんどんと愛に近づいていきます。

【人間関係】

＊地球の落とし穴
いろんな魂のステージがあり、それぞれが不完全肉体を着ているので、一人として同じ考え方の人がいない。そのため、誤解が生じやすい。
＊宇宙的視点
どんな人間関係も思い通りに設定できる。

感情の力

感情を感じ切ると、ゲージが上がる

ネガティブな感情が湧いた時、自分と向き合うことは大前提ですが、**湧いてきた感情はしっかり感じ切る**ことが大事です。

例えば、恋人と別れて寂しさや孤独を感じる時は、無理矢理宇宙的な意味を考えるのではなく、今ある寂しい感情や孤独な気持ちを十分感じてみてください。

そうした感情が湧き出るということは、あなたは「寂しいって経験してみたい」「孤独って感じてみたい」と、「地球でやりたいことリスト」にチェックを入れているからです。

その際、どれくらい寂しさや孤独を感じたいかといったゲージも決めてきているので、感情を中途半端に感じると、なかなかゲージがたまらず、何度も同じような感情が湧き起こる出来事に遭遇することになってしまいます。

その感情を経験したくてこの地球メタバースに来たのですから、達観す

辛い出来事は、感情ゲージをためるためだった⁉

私は子どもの頃から、大病、いじめ、東日本大震災で、故郷が被災、親族や友人を一気に失うなどさまざまな出来事を体験してきました。しかし、宇宙の記憶を持って生まれているため、肉体に入り込んで思い切り感情に浸ることが難しく、なかなか感情のゲージがたまりませんでした。みんなが10悲しむところを、私は1しか悲しめない感じなのです。なので、ゲージがたまるまで、どんどん大変な出来事が起こる、というような人生でした。

るだけがいいわけではないのです。

ですので、湧いてきた感情は、安心して感じ切って大丈夫。**俯瞰《ふかん》した目を持ちつつも、一方で感情を感じ切る。それが、宇宙と地球のバランスをとって生きることになるのです。**

思考の力

時間軸のトリックに要注意！

この地球は、思考が支配している世界といってもいいくらい、私たちは思考に縛られながら生きています。

また、散々やっている葛藤外しトレーニング自体も思考ですので、そこにはまって悩まないように、とても注意したい部分でもあります。


思考を上手にコントロールするコツは、先ほどお話しした「思考の断捨離」に加えて「時間軸のトリック」を見破ることです。

例えば、経済的な不安から、「この先職を失ったらどうしよう。将来に向けた貯金もないし、仕事をなくしたら住む家も失ってしまう。不安でし

見る視点ですべてが変わる

地球は動いているのに、動いている実感はあまりありませんね。では、地球は秒速何キロメートルで動いているかというのは、どの惑星から地球を観測したかにより、その答えは大きく異なります。このように、私たちを取り巻くすべての〝現実〟はどの視点から見ているかによって変動します。

かない」と、あなたが考えているとしましょう。
それでは、「現実」をひとつひとつ確認してみましょう。

この先、職を失ったらどうしよう→今は「職がある」
将来に向けた貯金がない→今は「生活するお金はある」
仕事がなくなり、住む家を失ってしまうかも→今は「家がある」

どうですか？
今のあなたには「職がある」「生活するお金はある」「家がある」というあるあるだらけなんです。

思考がネガティブになるのは、今現在を生きていない、今に意識がいっていないことが最大の理由です。

将来の不安を考えたり、過去に起こった嫌なことを思い出したりと、あなたは思考がネガティブになるように、無意識にわざわざ遠出までしてネガティブを取りに行っていたのです。
いや、本当にご苦労様です！

地球人は、時間軸に縛られているゲームをしているため、将来は決まっ

いま「ある」現実を見ずに、将来の不安に意識が
向いてしまうと、思考はネガティブになる

ていて運命は変えることができないと、受け身で考えています。

だから、占い師に、「私の将来はどうなりますか？」と聞きに行ったりします。でも、この**「受け身思考」こそが、最大のトラップ**だったのです。

思考の力

現実に起こることは、すべてあなたが許可したもの

心配事の98%は現実には起こらないので、2秒悩んでも30分悩んでも結果は同じです。

30分間も、いや、人によっては1年も2年も、現在起こってもいない出来事を妄想して不安に思い、今この瞬間にしか味わうことのできない現実を蔑ろにするなど、もったいなさすぎます。

運命は自分次第でいくらでも変えられることがわかれば、簡単に望むパラレルワールドに移動できます。

小さなことの積み重ねが大きな結果につながる、と言いますが、まさに思考も同じです。心配事を毎日ちょっとずつでも考えていたとしたら、そ

占い師は何を見ている？

将来のことや、付き合っている彼の気持ちがわからないなど不安になると、占い師を頼る人もいますが、占い師がわかるのは、無限にあるパラレルのひとつです。例えば、「彼とはうまくいかない」と占い師が言っても、うまくいくとあなたが想像できるなら、うまくいくパラレルも存在しています。占い師に言われたことを深く信じれば、そのパラレルに行くだけのことです。

れは徐々に積み重なり、大きな波動となって、存在する予定はなかったネガティブな未来すらつくり出します。

やめましょう。マジで。

今すぐ「受け身思考」を「能動思考」へと切り替えてください。

人生で起こるすべてのことは、あなたが許可したことしか起こりません。

つまり、不安に思うことがあるならば、それがあなたの人生で起こることを許可しなければいいのです。

今あなたの目の前に起こっている現実は、あなたが許可したものしか起こりえないということをしっかりと理解し、受け入れてください。

人生の脚本・監督・主演はあなた自身です。

思考がネガティブになっているな、と感じたら、「自分は本当はどうなりたいのか」という希望や夢に思いを馳《は》せてください。

思いを馳せている最中にやっぱり不安が出てきてしまう、という方は、不安になる状態を許可しているので、それが現実化しています。

パラレルを移動すると目の前の問題は自然と消えていきますから、今目

日本人はなぜ受け身になりやすいか?

第二次世界大戦後、日本は古き良き日本のスピリチュアリティを脅威ととられ、GHQの統治下で学校教育を通して日本人力を抑え込み、政府にとって都合の悪い情報は一切与えず、都合の良い情報は大袈裟に伝えることで大衆を支配してきました。そういった歴史的背景から、日本人は本来の能力に目覚めることなく、洗脳された中で生活をしている人が多いといえます。「受け身思考」はここからきているのかもしれません。

の前にある問題をどうしようかと考えるよりも、「自分は本当はどうなりたいか」を考えているほうが得策です。

だって宇宙は、愛に溢れているのですから。

「言葉・感情・思考」を一致させるコツ

言葉の力、感情の力、思考の力を発揮させる方法がわかったところで、どうすれば言葉・感情・思考を一致させられるかについて、見ていきましょう。

まずは、**自分が体験、経験したいことを明確にする**（言葉の力）。次に、**その体験、経験したいことに対してブロックしていることがあれば、不要な価値観を手放して葛藤を外す**（感情の力）。そして、**「自分は本当はどうなりたいか」望むパラレルを考える**（思考の力）。

そうして、**何がなんでもこの人生、自分はそれを体験する！　と自分の魂に誓う**ことです。

希望や夢が叶いますように、というのは、実は、叶うちょっと手前の状況をオーダーしているということになります。

ハワイ行きを許可したら、ハワイ旅行に当選！

私のセッションを受けたいけど、お金の余裕がなく、休暇も取りづらいからハワイに行けないかも、と思っていた方がいましたが、「でもやっぱりハワイに行きたい！　行ったらこんな素晴らしいことが待っている！」と、ハワイにいるかのような幸せを感じていたら、たまたま引いたくじ引きでハワイ旅行に当選したそうです。セッションを受けたいと思ってから2週間後にはハワイを訪れることができて、セッションを受けることができました。このように、欲しいものの先取りは感情や思考を統一させやすいので、効果的なやり方です。

そうではなく、**もうすでに叶った体で、言葉・感情・思考を使い、統一させること**。すると、それがすでに叶った状態の波動を自ら発することが可能となります。

ひとつ例をあげてみましょう。

例えば、「個人事業主で得意なことを仕事にしながら、毎月100万円欲しい」（言葉の力）と願ったとします。

ところが、「個人でそんなに稼げるわけがない」とネガティブな感情が湧いてきたら、その価値観は本当に自分のものなのか？　を見極めます。染みついた固定観念により、給与以外の入手は難しい、という感覚になっていることに気づけたら、それを手放します（感情の力）。

そして、得意なことを仕事にするにはどうしたらいいか、を考え（思考の力）、あとは叶った体でワクワクしていると、その波動を発生させて望んだ通りのパラレルに移動できます。

このように、「言葉、感情、思考」がしっかりと統一されているか、随時確認しながら意識し続けることが大切です。

すでに叶った体でワクワクすると、
言葉・思考・感情が一致する

攻略法 8
宇宙人に正確にオーダーする

ここまで自分の思考を整理整頓し、自分自身に向き合い続けたあなた！

いよいよ、願いを宇宙人にオーダーしましょう。

あなたをサポートしている宇宙人は、あなただけを愛し、あなただけを応援しています。

この宇宙人たちは、まだ地球という惑星を体験したことがなかったり、高次元エネルギー体のままあなたの近くにいるので、地球のことがよくわからないことが日常茶飯事です。

そのため、宇宙人に願いを届けるには、ちょっとしたコツが必要になります。

ここでは、そのコツをお伝えしていきます。

宇宙人にはすべてお見通し！

「宇宙人に願いを叶えてもらう」というと、時々、本当に宇宙人がいるのか、本当に願いを叶えてくれるのか、と試すような気持ちで宇宙人にオーダーする人がいます。でも、その気持ちは、宇宙人にすべて波動でバレています。願いを叶えようとする気持ちよりも、試したい気持ちが勝つので、試して終わるという、残念な結果に。

サポートが欲しい時は、ヘルプを求める

すべての宇宙人には、守らなければならない宇宙上の掟《おきて》があります。

それは、**「あなたがヘルプを求めた時のみ、手助けすることを許されている」**ということです。

あなたがサポートを求めなければ、勝手に手助けをすることができません。勝手に手助けをしてしまうと、あなたが望んだ地球で感じたい感情や経験ができなくなってしまい、宇宙のバランスを崩してしまうこともあるからです。

宇宙人にサポートをしてもらいたい場合は、明確に願いを叶える手助けを頼む、つまり「明確なオーダー」をする必要があります。

宇宙人にわかりやすいオーダーを出すコツ

宇宙人の力を借りたい時は、
ヘルプを求めるのがルール

あなたの願いは、攻略法4でかなり詳細になったと思いますが、**宇宙人にオーダーする時のコツは、誰が聞いても、幼稚園生でも、何をオーダーされているのかが一瞬でわかるように、明確にすること**です。

例えば、シュウマイが食べたい場合

「なんかシュウマイとかが食べたいな」

これが一般的なオーダー例です。シュウマイを食べるパラレルに移動はできそうですが、いつになるのかわかりませんし、どのシュウマイかもわかりません。下手すると、「シュウマイとか」とありますので、春巻きや餃子などが代わりにくる可能性さえもあります。

では、具体的なオーダーを見てみましょう。

「今日の夜七時に崎陽軒の真空パックではないフレッシュのシュウマイが食べたい。そして、そのシュウマイとご飯も一緒に食べたいので、崎陽軒のシウマイ弁当が食べたい」

明確ですね！

「でも、明確にオーダーしたのにシウマイ弁当がこなかった！」という場合もあるかもしれません。それは、シウマイ弁当がそんな形で、タイミン

小さなこともどんどん宇宙人にオーダーしよう！

願いに小さいも大きいもありません。宇宙的にはどちらも同じ願い。そして、願いは欲張るとバチが当たるというのも嘘です。そんな意地悪な異次元的存在はいません。願いは無制限ですので、今日はお店前の駐車場に車を停めたいな、とか、今日買うイチゴは最高に甘いのがいいな、など、普段の何気ないこともどんどんオーダーして、宇宙人との会話の練習を続けていきましょう。

グよくくるわけない、などと現実化を諦めてしまっている場合です。

日本人がよく言う「でもさ～」とか、「でもな～」とか、「どうせ～」とか、「仕方ないから～」といった言葉で、自分を自分で惑わさないでください。そんなものは一切不要です！

自分の夢に謙遜《けんきょ》さなんか、いりません。

建前もいりません。

本音だけでいいのです。

疑う暇があるのなら、その本音をどれだけ鮮明に描けるか、それだけに集中してください。

言葉でもいいですし、具体的な映像をイメージしてみてもいいです。とにかく本音に従って、細かいことまでも明確にしてください。

もうひとつのコツは、**明確にオーダーしたら、その実現方法は宇宙人に完全に委ねる**ことです。なぜなら、所詮、不完全につくられた脳みそが考えつくアイデアなんてたかが知れているからです。

肉体を持つ私たちには想像もできないものすごい展開で、宇宙人にあなたの願望を実現してもらってくださいね。

ゾロ目を何度も見る時は、宇宙からのサイン！

ゾロ目などの同じ番号を何度も見る場合は、宇宙からのメッセージである可能性大。どうしても五感で異次元的存在を感じたいと思っていると、宇宙人は数字を使ってメッセージを送ってくることがよくあります。気になる数字をエンジェルナンバーで調べてみると、メッセージを受け取ることができますよ。同じ数字でも、日によってメッセージ性や目につくウェブサイトが違うので、気になる方は、こまめに調べてみてくださいね。

攻略法 9

未来を決めて、パラレルを高速移動する

攻略法1~8をマスターしたら、望むパラレルワールドに高速移動しましょう。

自分が想像できるということは、そのパラレルワールドが存在しているということです。

アイドルを見ていて自分もそうなりたいな、と想像ができたら、自分がアイドルになるパラレルワールドは存在しているという意味ですから、アイドルに本当になりたいと思う場合は、そのパラレルワールドに移動すればいいだけです。

結婚したいな、とか、子どもが欲しいなと想像できたら、そのパラレルワールドは存在しますから、そのパラレルワールドに移動すればオッケーです。

と、こんな具合に「パラレルワールドを移動する＝自分の願いを叶える」

複数の宇宙人の中でも代表的な存在とは？

私には複数の宇宙人さんが付いてくれていますが、私が一番お話しするのはポロル君で、私にとっては圧倒的に代表な存在です。ポロル君は、他の人に付いている宇宙人の通訳をしてくれたりもします。私自身は、どの宇宙人と会話しているのかという区別は都度ついています。

ということになるのです。

つまり、**パラレルワールドの移動を成功させるとは、願いがなんでも叶う状態、欲しいものをなんでも手に入れることができる状態、欲しいお金を好きなだけ使うことができる状態、愛溢れるパートナーシップを手に入れている状態など、人生が思い通りである状態**ということです。

では、どうやって、高速移動するかというと、それは**あなたの周りにいる愛情深い宇宙人たちにお任せ**で大丈夫！

この宇宙人たちは、あなたが望む理想の現実を持つパラレルワールドへの移動を、宇宙スピードに変えてくれるのです。あなたの理想のパラレルワールドに、UFOで送ってくれるみたいな感じです。

つまり、願いの現実化が一気に加速するということです。

もちろん、宇宙人にお願いをしなくても、パラレルワールドへの移動は可能ですし、誰でも無意識でしています。

でも、願いがなかなか叶わないなと感じたことがある方、また、大きな願いを持っている方は、ぜひ、宇宙人たちを頼ってみてくださいね。

超スーパー宇宙人は、お友達が少ない！

あなたのSNSのフォロワーが100人以下なら、あなたは超スーパー宇宙人（地球での転生が少なく、宇宙的生き方を地球でしている人）の可能性大です。地球にいる超スーパー宇宙人は、地球でたくさんのお友達を求めていません。真実にしか興味がありません。パラレルをすごい頻度で移動するので、みんなはついてこられません。そんな自分をサポートしてくれるソウルメイトの一人とでも地球で再会できたら、もう最高。なぜかというと、宇宙にいるたくさんのお友達の数を知っているからです。

願望実現までをまとめると、こんな感じです。

例えば、「海外に移住したい」と願望を決めたら、どこの国のどんな家で、誰と、どんな生活をしたいのかを明確にし、葛藤があれば気づいて手放します。

そして、あなたの宇宙人に具体的にわかりやすくオーダーし、あとは叶った体でワクワクしているだけです。

例えば、「結婚したい」と願望を決めたら、どんな人と、どんな暮らしをして、どんな感情を味わいたいかなどを詳しく決め、葛藤があれば気づいて手放します。

そして、あなたの宇宙人に具体的にわかりやすくオーダーし、あとは叶った体でワクワク過ごすだけです。

これだけで、本当に願望は実現するのです！　きっとびっくりするスピードと驚くような展開で、あなたの夢を叶えてくれますよ。

収入や貯金がなくても、毎月300万円の支出が可能な理由

私は以前、定期収入もなく、アメリカ滞在のビザを切り替え中だったため、就職することもできず、貯金もほとんどありませんでした。

しかし、月のクレジットカードの返済は毎月200万円ほど（今はハワイの物価は日々上昇していて、牛乳一本、約1500円です）。

また、今の家賃は1ヶ月100万円ですが、毎月宇宙人たちが全額それを支払ってくれていました。もちろん、一度も返済が遅れたことはありません。

方法？　そんなものは宇宙人たちのほうがはるかに優れているので、全部お任せしています。

私がしたことといえば、宇宙人さんたちにその支払いをお願いし、毎日たくさん笑って過ごしていただけです。

この話を聞いて、「そうはいっても、そんなうまくいくはずない」「きっと、何かあるんでしょ？」と思っていませんか？　そう思うから、それが

決めたらジャックポットを引き当てた!!

マネーセッションを受けた方の生の声を紹介します。「『その日は肉体の運気が最高』とナオさんに教えてもらっていたので、絶対にジャックポットを当てる！　と決めてラスベガスへ。宇宙人に『当たる台を〝33〟で教えて』とオーダーしたら、パッと目の前に飛び込んできた台に33。これだ！　と決めた私は、迷うことなくその台へ。$300、$500と少額を当てつつ最後の掛け金になった時見事に最後の最後でジャックポットを当てました」

叶っているだけです。

皆さんと私に違いがあるとすれば、**私は「1ミリの疑いもなくそうなる」と信じている**ことです。

難しいことや、ややこしいことはしていません。

本当に自分が望む未来を決め、言葉・感情・思考を一致させて、宇宙人にオーダーすれば、宇宙人は望むパラレルワールドに高速移動させてくれるのです。

なぜオーダーキャンセルが続出してしまうのか？

宇宙はあなたの願いをなんでも叶えてくれます。

あなたのその願いを叶えるために、壮大な規模の工事作業に入ります。ですので、本当にいいのね？　これから大きな工事入るよ⁉　という確認作業が行われることがあります。

ここで、結構多くの地球人が「やっぱりこの願いは無理かな。なかなか

叶わないもんな」とオーダーをキャンセルしがちです。

もったいな――――い！

パラレルワールド移動を電車移動に例えてみると、**願望を持った瞬間に、まず新しい線路が瞬時にできます。**

そして、その願望を明確に意図して初めて、今走っている線路から、望むパラレルワールドへ続く線路への切り替えが行われます。

そして、いよいよ望むパラレルワールドへと到着するのです。

でも、多くの地球人はこんな壮大なことが行われているとはつゆ知らず、一見今までと何も変わらない生活が続くので、自分が望むパラレルワールドに本当に移動できているのか、やっぱり望むパラレルワールドに行くのは無理なんじゃないか？　という疑念を持ち始めたりします。

この疑念は、あれれれれ？　新しい葛藤ではありませんか？

これが、さっき説明したオーダーキャンセルの正体です。

視点が変わると他者も変わる

セッションにこられた皆さんは、回数を重ねるごとに自然と自分のパラレルがどんどん変わっていき、自分の視点や考え方も変わっていきます。その結果、他者もそのパラレルの他者(モブキャラ)になるので、気づくと問題が消滅しています。これらを実感され、皆さんハッとされることがほとんどです。

パラレルワールドが変わったことは、これでわかる！

パラレルワールドが移動したかどうかを知る方法はあります。それは、急に「変なことが起こる」ということです（笑）。

「はい⁉　変なことって何⁉」

その変なことというのは、今までの日常ではありえないような体験です。例えば、いつもは優しい店員さんが急に横柄な対応を取ってきたりなど、「こんなこと今までなかったのに！」と感じる出来事がメッセージとなることが多いようです。

このネガティブは、葛藤とは違います。

ネガティブな行為を受けて驚く、面食らうって感じです。なぜならば、そもそも葛藤がなくなってパラレルワールド移動ができているので、怒り

パラレルを移動したサインは、強烈！

ある日、向こうからやって来た通行人に、末娘（6歳）が突然「道をどけろ！　邪魔なんだよ‼」と大声でどなられてしまいました。その時は家族でいたのですが、その人が通り過ぎた直後、全員でプッと吹き出してしまいました。なぜなら、このような奇妙な出来事が起こる時はパラレル移動をした時だと知っていたからです。どなられるのはいい気持ちはしませんが、サインだとわかっていれば笑ってしまいますね。

や悲しみといったネガティブな感情が自分の中に芽生えるのではなく、ただただびっくりするというのが、ひとつの見極めポイントです。

つまり、**これまでなら怒りを感じていたのに、びっくりするという反応に変わった**わけです。

びっくりな体験をした後は、不思議と自分の周りに自分の夢をサポートする人が現れたり、急に新しい話が飛び込んできたりするので、初めてここで、パラレル移動ができているな！　という実感を持つことができるようになります。

「決める」ことで、受け身人生から卒業する

地球のマトリックスのひとつで、時間の流れが宇宙と真逆に設定されていることはお伝えした通りですが、本来、時間の流れは未来からやってきます。

しかし、過去、現在、未来の順で時間が流れていると思っていると、何

意図あるところに道は拓ける

願いを叶えるということは、それが叶っているパラレルに移動するということ。想像できるということは、そのパラレルが存在するということですから、まずは「そうなる」と意図することがすべてのスタートとなります。そして、疑いもなく意図したようになると信じることで、それは絶対叶います。これが、意図から始まる魔法です。

が起こるかわからない未来は自分の力ではどうにもならないと諦め、ただ流されるままに生活する受け身の人生になってしまいます。

受け身の生き方もスリル満点で楽しいと感じるかもしれませんが、あまりにもリスクが大きすぎます（笑）。

そもそも私たちは、誰もが使命を選んでそれを達成するために生きているのに、受け身人生だと、せっかくの地球メタバースに参加した意味がありません。

未来はあなたが描くものです！

自分が未来を描いてその通りに生きていくことの楽しみは、受け身人生の100倍は、確実に楽しいと思います。

自分を晴れ女と思っている人が、雨に降られないのと一緒です。決めた人は強いのです。その通りの結果がやってきます。

一番大事なことは、あなたが決めることです。

声を大にして言います。

ルフィが最強な理由

マンガ「ONE PIECE」の主人公ルフィは、どんな強そうな敵と戦っても、絶対に諦めませんよね！　その理由は、ルフィの口癖「海賊王に俺はなる！」にあります。そう、ルフィは、「海賊王になる」と決めて、一切揺るぎも疑いもなく、夢を信じて一直線に進んでいるからです。自分の今の状態に関係なく、強い意図は、誰もそれをくつがえすことはできないのです。

「決めてください！」


何が欲しいか、を。

何を求めているか、を。

どうなりたいか、を。

あなた自身が明確に描いてください。


未来は自分が決めるのです。

未来は、あなたが決めることで初めて現実化し、それを観測することができるようになるのですよ。

決めたから叶った、ウォルト・ディズニーの夢

私は二期制の国立の小学校に通っていたので、春休み、夏休み、冬休み以外にも、「秋休み」というものがありました。

小学校4年生の秋休み、母とお友達とディズニーランドに行った時のこ

願ったことは、絶対叶えられるようになっている!!

宇宙にオーダーした後、全然願いが叶わないと嘆く人がいますが、それは野球に例えると、本当は9回裏で逆転優勝できるのに、途中で「もうダメだ」と試合を棄権しているようなもの。負けたからこそ逆転できる、というふうに、マイナスと思われる負のエネルギーを上手に使うことで、私たちは想像を超えるプラスのエネルギーへとつなげることができるのです。ですから、願ったことは諦めなくていいのです。

とです。

他の学校と休みがずれている「秋休み」期間のディズニーランドはガラガラで、乗り物も乗り放題。貸切かと思うくらいでした。

普通に乗り物やパレードなどを楽しんでいたところ、急にバチバチバチッと、雷に打たれたような感覚になりました。私は、宇宙に強制送還されたのです。

そして、ディズニーランドをつくったウォルト・ディズニーさんが、ディズニーの世界をつくるまでのいろいろな映像を一気に見せられました。

ディズニーランド設立のための融資をありとあらゆる銀行にかけあうも、何百回と融資を断わられていたところとか、イラストを描いていた様子とか、ウォルト・ディズニーさんをサポートしている宇宙人とウォルト・ディズニーさんが交わした約束とか。

その映像というのは、映画を観ているように見るのではなく、どちらかというと何枚ものスライドをめちゃくちゃ速いスピードで一気見している感覚です。

ディズニーさんがディズニーランドをつくろうとしていた時代は、「土

グループエネルギーでパワーアップ！

家族やチームなど、複数の人がいる場でもエネルギーは影響します。これをグループエネルギーと呼びます。グループの中のメンバーがすべて同じ方向、同じ事柄を願った場合、そのパワーは一人の時よりも増大します。また、グループの中で異なる願いがあった場合は、一番葛藤のない人の願いが叶います。「気持ちをひとつに」などと言われるのは、グループエネルギーを同じ方向に向けることで莫大なパワーを発揮するからです。

の時代」の真っただ中。人々はスピリチュアルを笑い飛ばし、バカにして、現実に引っ張られていた権力の時代です。

それでもディズニーさんは、どうしたら宇宙のことを人々に受け入れてもらえるか、さりげなく伝えられるか、を宇宙人と相談しながら、とても楽しそうにアイデアを出していました。

世界で最も嫌われているネズミをヒーローにしたのも、まさに宇宙的感覚です。

小学4年生の私には、何をしているところかよくわからない場面も多くありましたが、ディズニーさんは魂レベル「マスター⑦」の試験前で、「表現者」を使命に選んでいました。ディズニーさんの宇宙描写の表現を超えるものは、いまだにないくらいの素晴らしいものですよね。

気がついたら、私は迷子センターのソファーに座って、ドナルドダックの映画を観ていました。

「え、どうやってここに来たんだろう。ママはどこ？　お友達はどこ？」

私は一気に地球特有の不安に襲われました。

その日のディズニーランドはガラガラだったので、人混みに紛《まぎ》れて迷子

カップルセッションで驚異的な願望実現へ！

私のセッションは通常クライアントさんお一人でお受けになることが多いのですが、カップルでセッションを受けることでグループエネルギーが発生し、叶うスピードが驚異的に加速したりします。アメリカ本土からハワイに定期的にセッションを受けに来てくれるご夫婦がいますが、これからどんな奇跡を見せてくださるのか、楽しみでなりません。ちなみに、このご夫婦の過去の転生惑星は、ツインレイで有名な天王星。このご夫婦の魂たちは、地球にハネムーンでいらっしゃっています。

になることなどできない状態でした。

するとと、母とお友達が雨の中、迷子センターのほうに走ってくるのが見えました。私は一気に安心して、涙が止まらなくなりました。

母には、「いつ、どこで、どうしていなくなったの?」と聞かれましたが、それは私にも説明ができませんでした。

でもそれから、ディズニーの映画を観るたびに、あの宇宙での出来事を今でもよく思い出します。

なぜなら、ディズニーさんが伝えようとしていた宇宙からのメッセージが、手に取るようにわかってしまうからです。


例えば、「白雪姫」。継母《ままはは》は、自分の美しさにとても自信のある女性で、いつも鏡に、自分が世界一美しいかを聞いていました。

けれど、自分の衰えを感じ始め、白雪姫がどんどん美しくなっていくのを見て、白雪姫を妬み始めます。そういった状態で鏡に聞くと、「白雪姫が一番美しい」と言われ、白雪姫を殺そうとします。

これは、継母が自分の衰えを感じて白雪姫に妬む感情を持ち、言葉でも「自分は美しくないかも」と発言したために、そのパラレルに移動したこ

私の好きなディズニー映画ベスト3

「モンスターズ・インク」

「ベイマックス」

「美女と野獣」

どのディズニー映画も愛に近づくまでのドラマですが、一度愛に到達したら、ずっと愛が続くというエンディングこそが、宇宙からのメッセージなのです。

Happily ever after!

とを描写しています。

白雪姫の周りにいる小人たちは、宇宙人を表現しています。白雪姫は、異次元的存在に対する葛藤がなかったので、当たり前のようにコミュニケーションを取ることができました。

「アラジン」は、貧しい男の子でも、ジーニー（宇宙人）と仲良くなって、王様になれちゃうお話ですね。

そして、魔法のランプは、心が綺麗な人しか手に入れられません。心が綺麗とは、「愛を持っている＝ジャッジのない疑わない素直な人」のこと。あなたもそうなるとジーニーが現れますよ、というメッセージなのです。

また、宇宙人のジーニーの言動から、「どんな願いでもいいよ」というメッセージを表現しています。

だって、本当にどんな願いでも叶えられるからです。

それなのに、アラジンは「ジーニーを自由にする」という宇宙人の願いまでをも叶えました。この究極の素直さと愛溢れる物語は、宇宙感覚そのものです。

新時代ならではの映画「ソウルフル・ワールド」

「ソウルフル・ワールド」で描かれている世界は、私が覚えている通り。「私は変な人じゃない、視えてる人はみんな同じものを視てるんだ！」という勇気をもらえました。この映画は、2020年12月25日に配信されましたが、まさにグレート・コンジャンクション（205ページ）で、風の時代に切り替わり、地球全体のエネルギーが上昇する幕開けとなった直後の最新作。この映画に描かれているような直接的メッセージが受け入れられるようになったのは、地球のエネルギーが上昇したからですね。

「モンスターズ・インク」は、見た目も宇宙人かのように描写されていますね。宇宙人からすると、地球の物を持ち帰っただけで消毒が必要なほど、地球の人たちは野蛮で汚い存在かのように描写されています。

しかし、地球の波動のバランスを取るには、ネガティブな感情よりも、笑いや楽しさのほうがエネルギーが高いこと、地球のエネルギーに貢献できることを見事なまでに表現しています。

ディズニーの映画に限らず、自分が未来を描いてその通りに生きていければ現実になるという宇宙の法則は、映画や本、音楽、壁画や古代建造物などを通して、さまざまな人がさまざまな形で地球にメッセージを送り続けているのです。

さぁ、この本もそろそろ終わりが近づいてきました。まだまだお伝えしたいことがたくさんあるのですが、地球のマトリックス脱出に重要となることは、すべてお話ししました。

これからはあなたの思うがまま。この人生ですべてを手に入れて存分に遊んじゃってください。

宇宙の波動を持つバッハやモーツァルト

バッハやモーツァルトも、実は宇宙人と一緒に作曲をしていました。バッハの音楽は宇宙特有の波動を持っているので、私は学生時代、スイスの寮の屋根に上って、一人ウォークマンを聴きながら、爆音でバッハをかけて綺麗な星空をよく眺めていました。すると、ＵＦＯかな？と思える飛行物体が遠くのほうに見えると思った瞬間、頭上に来て、目眩ましにあいました（笑）。ＵＦＯはだんだんと近づいてくるといったイメージがあるかもしれませんが、宇宙は何もかもが瞬時です。

巻末付録

スピリチュアル・リテラシー

地球においてスピリチュアリティ(目に見えない世界)に対しての、知識と態度とその段階を表しました。どの段階が良い・悪いなどはありません。大切なポイントは、両方の極端を知ることで、見えてくるものがたくさんある、そして、見えたからこそ中道の大切さを知ることができるという点です。

LEVEL 0
地球100：宇宙0の状態
スピリチュアルという概念がそもそもない。聞いたことも興味もない。

LEVEL 1
地球90：宇宙10の状態
スピリチュアルに一切興味がない。信じていない。

LEVEL 2
地球80：宇宙20の状態
宗教家。キリストやブッダを通して、地球の勉強をする。「委ねる」など、一部分を強化する。

LEVEL 3

地球70：宇宙30の状態

神社巡り、パワースポット巡りをする。見えない力に対して厳かな気持ちを持っている。

LEVEL 4

地球10：宇宙90の状態

見えないものだけを信じている。特定なものにハマる。龍だけ、天使だけ、パワーストンだけ、など。

LEVEL 5

地球30：宇宙70の状態

見えないものと、見えるもののバランスに気づき始める。潜在意識法、パワーコーチングなど。

LEVEL 6

地球60：宇宙40の状態

宇宙のパワー、すべてを認める。実際に、地球での創造に苦戦している。

LEVEL 7

地球50：宇宙50の状態

宇宙人と普通に会話をすることができる。地球にいて望むものをすべて創造できる。

陰陽とエレメントを知る計算式

①陰陽を調べる

十干換算表を見て、生まれた年と生まれた月が交わるボックスの数字に生まれた日を足して、奇数の方は「陽」、偶数の方は「陰」となります。

②エレメントを調べる

①の下一桁の数字を見る。

1・2 ↓木のエレメント

3・4 ↓火のエレメント

5・6 ↓土のエレメント

7・8 ↓金のエレメント

9・0 ↓水のエレメント

例：1981年5月20日生まれの場合／15（表の数字）＋20（生まれた日）＝35 奇数なので「陽」。
下一桁が5なので「土のエレメントの陽」

〈十干換算表〉

	1931	1932	1933	1934	1935	1936	1937	1938	1939	1940
1月	52	57	3	8	13	18	24	29	34	39
2月	23	28	34	39	44	49	55	0	5	10
3月	51	57	2	7	12	18	23	28	33	39
4月	22	28	33	38	43	49	54	59	4	10
5月	52	58	3	8	13	19	24	29	34	40
6月	23	29	34	39	44	50	55	0	5	11
7月	53	59	4	9	14	20	25	30	35	41
8月	24	30	35	40	45	51	56	1	6	12
9月	55	1	6	11	16	22	27	32	37	43
10月	25	31	36	41	46	52	57	2	7	13
11月	56	3	7	12	17	23	28	33	38	44
12月	26	32	37	42	47	53	58	3	8	14

	1941	1942	1943	1944	1945	1946	1947	1948	1949	1950
1月	45	50	55	0	6	11	16	21	27	32
2月	16	21	26	31	37	42	47	52	58	3
3月	44	49	54	0	5	10	15	21	26	31
4月	15	20	25	31	36	41	46	52	57	2
5月	45	50	55	1	6	11	16	22	27	32
6月	16	21	26	32	37	42	47	53	58	3
7月	46	51	56	2	7	12	17	23	28	33
8月	17	22	27	33	38	43	48	54	59	4
9月	48	53	58	4	9	14	19	25	30	35
10月	18	23	28	34	39	44	49	55	0	5
11月	49	54	59	5	10	15	20	26	31	36
12月	19	24	29	35	40	45	50	56	1	6

	1951	1952	1953	1954	1955	1956	1957	1958	1959	1960
1月	37	42	47	53	58	3	9	14	19	24
2月	8	13	19	24	29	34	40	45	50	55
3月	36	41	47	52	57	3	8	13	18	24
4月	7	13	18	23	28	34	39	44	49	55
5月	37	43	48	53	58	4	9	14	19	25
6月	8	14	19	24	29	35	40	45	50	56
7月	38	44	49	54	59	5	10	15	20	26
8月	9	15	20	25	30	36	41	46	51	57
9月	40	46	51	56	1	7	12	17	22	28
10月	10	16	21	26	31	37	42	47	52	58
11月	41	47	52	57	2	8	13	18	23	29
12月	11	17	22	27	32	38	43	48	53	59

	1961	1962	1963	1964	1965	1966	1967	1968	1969	1970
1月	30	35	40	45	51	56	1	6	12	17
2月	1	6	11	16	22	27	32	37	43	48
3月	29	34	39	45	50	55	0	6	11	16
4月	0	5	10	16	21	26	31	37	42	47
5月	30	35	40	46	51	56	1	7	12	17
6月	1	6	11	17	22	27	32	38	43	48
7月	31	36	41	47	52	57	2	8	13	18
8月	2	7	12	18	23	28	33	39	44	49
9月	33	38	43	49	54	59	4	10	15	20
10月	3	8	13	19	24	29	34	40	45	50
11月	34	39	44	50	55	0	5	11	16	21
12月	4	9	14	20	25	30	35	41	46	51

	1971	1972	1973	1974	1975	1976	1977	1978	1979	1980
1月	22	27	33	38	43	48	54	59	4	9
2月	53	58	4	9	14	19	25	30	35	40
3月	21	27	32	37	42	48	53	58	3	9
4月	52	58	3	8	13	19	24	29	34	40
5月	22	28	33	38	43	49	54	59	4	10
6月	53	59	4	9	14	20	25	30	35	41
7月	23	29	34	39	44	50	55	0	5	11
8月	54	0	5	10	15	21	26	31	36	42
9月	25	31	36	41	46	52	57	2	7	13
10月	55	1	6	11	16	22	27	32	37	43
11月	26	32	37	42	47	53	58	3	8	14
12月	56	2	7	12	17	23	28	33	38	44

	1981	1982	1983	1984	1985	1986	1987	1988	1989	1990
1月	15	20	25	30	36	41	46	51	57	2
2月	46	51	56	1	7	12	17	22	28	33
3月	14	19	24	30	35	40	45	51	56	1
4月	45	50	55	1	6	11	16	22	27	32
5月	15	20	25	31	36	41	46	52	57	2
6月	46	51	56	2	7	12	17	23	28	33
7月	16	21	26	32	37	42	47	53	58	3
8月	47	52	57	3	8	13	18	24	29	34
9月	18	23	28	34	39	44	49	55	0	5
10月	48	53	58	4	9	14	19	25	30	35
11月	19	24	29	35	40	45	50	56	1	6
12月	49	54	59	5	10	15	20	26	31	36

	1991	1992	1993	1994	1995	1996	1997	1998	1999	2000
1月	7	12	18	23	28	33	39	44	49	54
2月	38	43	49	54	59	4	10	15	20	25
3月	6	12	17	22	27	33	38	43	48	54
4月	37	43	48	53	58	4	9	14	19	25
5月	7	13	18	23	28	34	39	44	49	55
6月	38	44	49	54	59	5	10	15	20	26
7月	8	14	19	24	29	35	40	45	50	56
8月	39	45	50	55	0	6	11	16	21	27
9月	10	16	21	26	31	37	42	47	52	58
10月	40	46	51	56	1	7	12	17	22	28
11月	11	17	22	27	32	38	43	48	53	59
12月	42	47	52	57	2	8	13	18	23	29

	2001	2002	2003	2004	2005	2006	2007	2008	2009	2010
1月	0	5	10	15	21	26	31	36	42	47
2月	31	36	41	46	52	57	2	7	13	18
3月	59	4	9	15	20	25	30	36	41	46
4月	30	35	40	46	51	56	1	7	12	17
5月	0	5	10	16	21	26	31	37	42	47
6月	31	36	41	47	52	57	2	8	13	18
7月	1	6	11	17	22	27	32	38	43	48
8月	32	37	42	48	53	58	3	9	14	19
9月	3	8	13	19	24	29	34	40	45	50
10月	33	38	43	49	54	59	4	10	15	20
11月	4	9	14	20	25	30	35	41	46	51
12月	34	39	44	50	55	0	5	11	16	21

	2011	2012	2013	2014	2015	2016	2017	2018	2019	2020
1月	52	57	3	8	13	18	24	29	34	39
2月	23	28	34	39	44	49	55	0	5	10
3月	51	57	2	7	12	18	23	28	33	39
4月	22	28	33	38	43	49	54	59	4	10
5月	52	58	3	8	13	19	24	29	34	40
6月	23	29	34	39	44	50	55	0	5	11
7月	53	59	4	9	14	20	25	30	35	41
8月	24	30	35	40	45	51	56	1	6	12
9月	55	1	6	11	16	22	27	32	37	43
10月	25	31	36	41	46	52	57	2	7	13
11月	56	2	7	12	17	23	28	33	38	44
12月	26	32	37	42	47	53	58	3	8	14

	2021	2022	2023	2024	2025	2026	2027	2028	2029	2030
1月	45	50	55	0	6	11	16	21	27	32
2月	16	21	26	31	37	42	47	52	58	3
3月	44	49	54	0	5	10	15	21	26	31
4月	15	20	25	31	36	41	46	52	57	2
5月	45	50	55	1	6	11	16	22	27	32
6月	16	21	26	32	37	42	47	53	58	3
7月	46	51	56	2	7	12	17	23	28	33
8月	17	22	27	33	38	43	48	54	59	4
9月	48	53	58	4	9	14	19	25	30	35
10月	18	23	28	34	39	44	49	55	0	5
11月	49	54	59	5	10	15	20	26	31	36
12月	19	24	29	35	40	45	50	56	1	6

おはようございます。

深い眠りから目覚めた気分はいかがですか？

そう、ここは地球というメタバース惑星。

ここから始まるあなたのＢ面人生を

思いっ切り楽しんでくださいね。